佛教小百科
◎艺术◎

【丁明夷◎著】

上海科学普及出版社

图书在版编目(CIP)数据

佛教小百科.艺术／丁明夷著. —上海：上海科学普及出版社，2011.1
ISBN 978-7-5427-4715-0
Ⅰ.①佛… Ⅱ.①丁… Ⅲ.①佛教－宗教艺术－中国－通俗读物 Ⅳ.① B94-49
中国版本图书馆 CIP 数据核字（2010）第 229746 号

出　　版：	上海科学普及出版社
	（上海市中山北路 832 号　200070）http://www.pspsh.com
制　　作：	日知图书（www.rzbook.com）
印　　刷：	北京联兴盛业印刷股份有限公司
发　　行：	上海科学普及出版社
开　　本：	16 开（787×1092）
印　　张：	12 印张
字　　数：	150 千字
标准书号：	ISBN 978-7-5427-4715-0
版　　次：	2011 年 1 月第 1 版　2011 年 1 月第 1 次印刷
定　　价：	49.00 元

◎如发现印装质量问题，影响阅读，请与印刷厂联系调换。

前言

佛教艺术起源于印度孔雀王朝的阿育王时期。佛教艺术包含的内容非常丰富，举凡建筑、雕塑、绘画、文学、音乐等表现佛教信仰和宗教生活的作品，都属佛教艺术范畴。

佛教在传播的过程中，佛教教义被化为雕塑、绘画等形式加以艺术表现。而在公元2世纪之前，佛教艺术品中并没有佛的形象。直到印度贵霜王朝时期，才打破这一禁忌，并创造出两种代表性的佛像雕刻艺术——犍陀罗艺术和秣菟罗艺术。笈多王朝时期，这两种艺术相互借鉴、融合，完成了希腊式佛像向印度式佛像的过渡，印度佛教艺术发展到了自己的黄金时代。

公元纪年前后，佛教传入中国。佛教在中国历经两千年，得到广泛发展传播，并与中国传统文化相结合，形成独具特色的中国佛教艺术。中国古代流传下来的佛教艺术，主要由佛教寺院艺术和石窟艺术组成，佛寺和石窟又都融建筑、雕塑、绘画于一体，它们是世界佛教艺术遗产的重要组成部分。

中国古代佛教艺术最光辉灿烂的时期当属隋唐。随着隋代全国统一和唐代经济、国力的发展壮大，中国佛教发展到鼎盛时期，创立了许多新的佛教宗派，这些宗派的发展演进在佛教艺术中都得以充分体现。隋唐时期最具代表性的敦煌石窟艺术，也进入全新阶段，达到印度佛教艺术与汉文化的完美融合，开创了敦煌艺术的盛期。敦煌石窟的雕塑、壁画等佛教艺术品和敦煌藏经洞保存的文物，开启了敦煌学的研究，敦煌学逐渐风靡世界。

中国佛教艺术历经千余年，创造出大量的文化艺术珍品，不仅形象地反映了各时代佛教的发展变化，也为研究历史上建筑、雕塑、绘画、文学、音乐，乃至人们日常生活、生产活动等历朝社会风貌提供具体真实的形象资料。

本书对佛教艺术的主要形式进行了介绍，希望读者不仅能够从中领略到佛教独具的艺术魅力与审美价值，也能领会到佛教独特的内在精神。

目录 佛教 小百科

何谓佛教艺术？	8
为什么印度早期佛教艺术中没有佛像？	10
犍陀罗和秣菟罗的佛教艺术是怎样产生的？	12
印度佛教艺术遗迹主要有哪些？	14
阿旃陀石窟因何著名？	18
巴米扬佛教遗迹在哪里？	19
释迦牟尼的诞生地在什么地方？	20
什么是佛，释迦牟尼与佛有什么关系？	21
什么是三世佛和三身佛？	22
什么是菩萨，什么是菩萨行？	24
何谓七佛和千佛？	25
何谓西方三圣？	26
何谓东方三圣？	28
何谓缘觉和罗汉？	29
天龙八部指的是什么？	32
四大天王指的是什么？	34
何谓大日如来？	36
什么是大黑天和欢喜佛？	37
佛传故事指的是什么？	38
什么是四相图和八相图？	40
因缘故事指的是什么？	41
何谓佛本生故事？	42
著名的本生故事画有哪些？	44
大乘和小乘佛教艺术有何不同？	46
何谓三十三观音，为什么许多地方造出千手千眼观世音像？	48

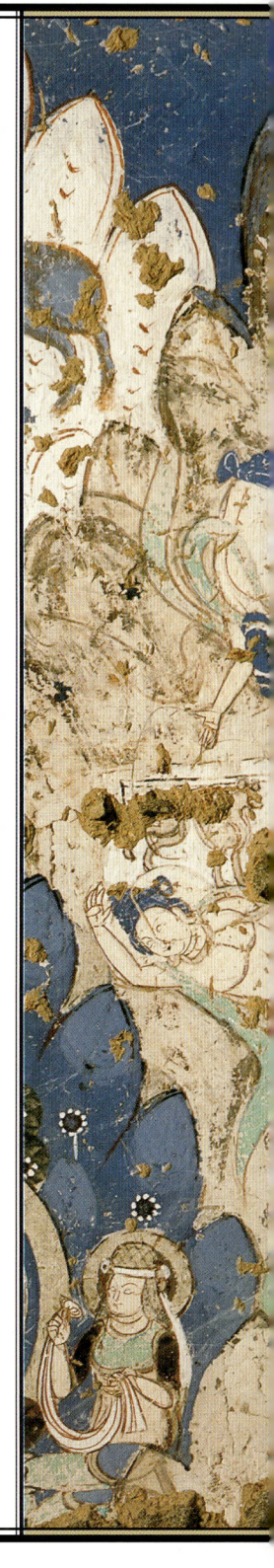

目录 ◎艺术◎ 佛教小百科

观音和弥勒像为何在中国流行？……………………… 50
地藏菩萨是谁？………………………………………… 52
何谓十殿阎王？………………………………………… 54
韦陀和关羽是怎样的护法神？………………………… 56
什么是弥勒菩萨和弥勒佛？…………………………… 58
为什么把布袋和尚称做"大肚弥勒"？……………… 60
为何把泗州大圣称做观音化身？……………………… 62
什么是经变画？………………………………………… 63
佛教经变与变文和俗讲有何关系？…………………… 64
代表性的经变题材有哪些？…………………………… 66
什么是地狱，地狱变是什么样的画面？……………… 68
什么是佛教感通故事图变？…………………………… 70
什么是佛教史迹故事画？……………………………… 71
唐僧取经等西行求法事迹在石窟艺术中有哪些表现？… 72
什么是供养人像，著名的帝后礼佛图有哪些？……… 74
佛教密宗主要供养哪些佛像？………………………… 76
什么是曼荼罗？………………………………………… 78
什么是水陆画？………………………………………… 80
国内主要的水陆遗迹有哪些？………………………… 81
什么是唐卡？…………………………………………… 82
藏传佛教艺术的主要特点和遗迹是什么？…………… 84
石窟的用途为何？……………………………………… 86
最早的石窟为何出现在新疆？………………………… 87
中国石窟分布有何特点？……………………………… 88
丝绸之路和石窟兴盛有何关系？……………………… 92

目录 佛教小百科

什么是龟兹佛教艺术？······94
为什么把克孜尔石窟叫做"戈壁明珠"？······96
什么是高昌佛教艺术？······98
玉门关内外的佛教艺术有何不同？······100
为什么敦煌莫高窟由东来的和尚乐僔和法良首先开凿？···102
什么是石窟艺术的"凉州模式"，凉州石窟的遗存指什么？···104
中国北方石窟为何多与禅僧有关？······106
中国佛教史上影响石窟造像的原因有哪些？······108
中国大石窟为什么与历代著名高僧有不解之缘？······110
中国大石窟为什么多由历代帝王倡导兴建？······112
印度的佛教艺术风格是如何在云冈昙曜五窟中表现的？···114
什么是石窟艺术的"平城模式"？······116
北魏孝文帝汉化改革给云冈、龙门石窟带来哪些新风格？···118
北魏时期敦煌莫高窟是何样子？······120
中国石窟中最早的年代题记出现在哪里？······122
为何麦积山石窟被称为"塑像馆"？······124
为什么说响堂山石窟具有承前启后的影响？······126
南京栖霞山石窟、剡县大佛与名僧僧祐有什么关系？···128
隋唐时期的敦煌莫高窟为何被称为盛期？······130
龙门奉先寺和武则天有何关系？······132
石窟造像题材和佛教宗派有什么关系？······134
剑川石窟有哪些南诏、大理国的特点？······136
为何盛唐后石窟重心南移到四川？······138
为何四川石窟以密宗造像独盛？······140
为何飞来峰和居庸关元代造像比较集中？······142

目录 ◎艺术◎ 佛教小百科

什么是摩崖造像，孔望山造像表现了哪些早期特点？…144
西夏佛教艺术在榆林窟有何表现？……146
为什么说乐山大佛是世界上最大的佛像？……148
中国最大的铜佛像在哪里？……150
敦煌石室之谜是如何解开的？……152
敦煌学为何风靡世界？……154
中国寺院布局与宫殿建筑有何关系？……156
中国最早的佛寺在哪里？……158
什么是中国佛教四大名山？……160
中国唐代建筑的代表是什么？……162
中国宋、辽建筑的代表是什么？……164
中国元、明建筑的代表是什么？……166
西藏佛寺和外八庙的建筑有何异同？……168
佛塔是如何起源和演变的？……170
中国佛塔主要有哪几种类型？……172
中国现存最古的砖塔在哪里？……174
中国现存最大的木塔在哪里？……176
铁塔和繁塔指的是什么？……178
中国石窟、佛寺壁画与中国绘画史有何关系？……180
什么是造像碑？……182
金铜佛造像指的是什么？……184
什么是佛教帛画、绣像和织成像？……186
什么是木版佛画和其他类造像？……187
石经和经幢指的是什么？……188
佛教造像与道教、儒家造像有何关系？……190

何谓佛教艺术？

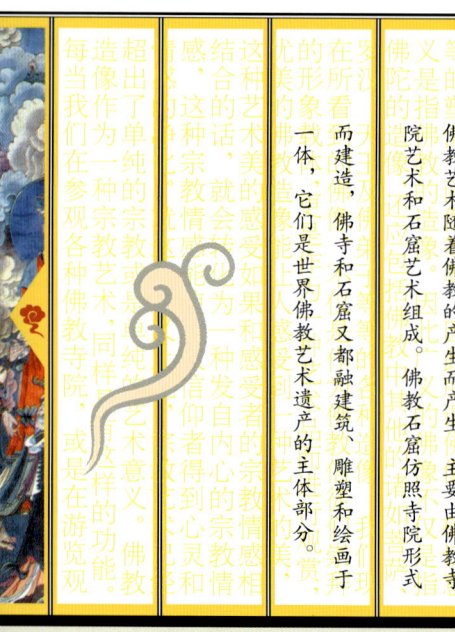

超造像作为一种单纯的宗教艺术，同样每当我们在参观各佛教寺院，或是在游览观

结合的话，就会发自内心的宗教情感相这种艺术美的感受如果与信仰者得到心灵的感

尤为突出。在所建造，佛寺和石窟又都融建筑、雕塑和绘画于一体，它们是世界佛教艺术遗产的主体部分。

而建造，佛寺和石窟艺术组成。佛教石窟仿照寺院形式义是指佛陀的形象。佛教艺术主要由佛教寺院艺术和石窟艺术组成。

等的明佛教艺术随着佛教的产生而产生，主要由佛教寺

人创造了宗教，而不是宗教创造了人。宗教艺术也是这样。为了用譬喻的方式，形象地宣传宗教教义，几乎是伴随着宗教的产生，宗教艺术应运而生。一般说来，宗教艺术的基本职能是特定时代的宗教宣传品，它们首先是一种信仰和崇拜，而不是单纯观赏的对象。艺术就其职能而言，带有宗教性，它是宗教膜拜的一种仪式，它们的美的理想和审美价值是为宗教内容服务的。这种宗教膜拜，要求布置一种与人们日常生活环境不同的，充满象征、超自然力量的特殊氛围，以虚幻的形式去反映现实世界。因而，具有审美效果的宗教艺术形式

❀ 缅甸仰光大金塔，又称瑞光大金塔，建于公元前6世纪，是缅甸著名的佛教建筑。

及其手段,能使宗教信徒在艺术享受中接受宗教感情和感受,在潜移默化之中表现宗教的基本思想。这就是说,宗教艺术一经纳入膜拜体系并在其中履行一定的职能,宗教思想对艺术的内容和形式便必然产生深刻的影响。宗教艺术伴随着时代的变迁和现实生活的发展,以自己特有的方式发展变化,古今中外,概莫能外。

这种为宗教内容服务的艺术,也正因为如此,其本身便具有宗教和艺术的双重职能,两者间有着复杂、矛盾的关系。宗教及其艺术,在历史发展中相互作用、渗透和交织,彼此融为一体。同时,艺术在这种发展中也逐渐摆脱宗教的影响,得到越来越大的独立性。当宗教职能消失后,具有审美价值的宗教艺术品,仍留存人间,给人们以美的享受和历史的回顾。

中国古代留传下来的宗教艺术作品,主要是佛教艺术,它包含的内容十分丰富,举凡寺塔、石窟、版刻、佛画、藏经、佛曲、金石文物、佛教文学(变文、宝卷等),种类繁多,不一而足。就佛教造像而言,佛像的门类即有金镂像、铸像、雕像、塑像、夹纻像、瓷像、绣像、织成像、泥陶像等。遍布祖

❀ 桑奇大塔极具特色的牌坊,其浮雕嵌板内容多为佛传故事和佛本生故事。

国东西、大江南北的佛教艺术品,不仅形象地反映了各时代政治、经济、宗教、文化的曲折变化,而且随着宗教职能的逐渐消失,珍贵的佛教艺术品还成为人们研究历史上建筑、雕塑、绘画、文学、音乐、舞蹈、天文、历法乃至人们日常生活、生产活动等方面的具体真实的形象资料。中国佛教艺术的审美价值和历史作用,正日益被现代人们所理解和欣赏。佛教艺术这种舶来品,已成为中华民族艺术遗产的一个有机组成部分。

为什么印度早期佛教艺术中没有佛像？

早期佛教思想认为，佛陀是超人化的，不能具体表现其相貌。所以早期佛教艺术品中表现佛前生（本生）和今世生平（佛传）的浮雕故事，都以象征手法出现，并没有佛陀的形象。

印度阿育王时期（前273～前232），开始把佛教的教义化为故事和雕刻绘画加以艺术表现。但有一个有意思的现象，就是在公元2世纪以前佛教艺术品中并没有佛的形象，而是在佛陀生前到过之处刻一脚印，说法处刻一法轮、宝座和菩提树等。

一直到犍陀罗艺术时期（从公元2世纪开始），才出现佛陀的形象。这一时期大乘佛教开始流行，允许民众礼拜佛像，而且犍陀罗地区长期受希腊文化影响，原来就有崇拜偶像的习惯。早期的佛像因受希腊神像的影响，带有浓厚的希腊风格。

公元3世纪时，犍陀罗艺术影响了印度南部的阿玛拉瓦底艺术，在南印度的佛教艺术品中也出现了佛的形象。

早期佛教艺术以帕鲁德遗迹、桑奇大塔、阿玛拉瓦底遗迹和那迦周尼康荼遗迹为代表。

桑奇大塔东礼门横梁上表现的佛"逾城出家"，画面是一匹马，马背上立一伞盖，马的后面有几个人在告别，另有一男子向巨大的佛足迹礼拜；同一题材，犍陀罗出土

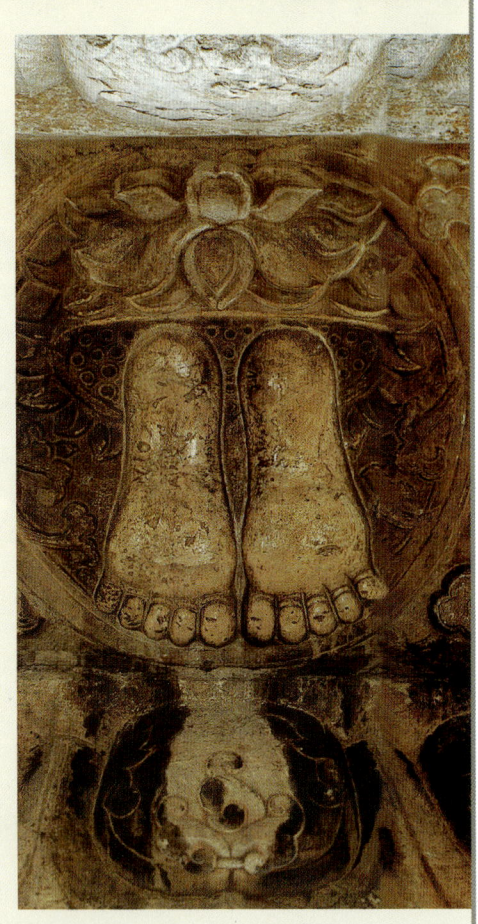

❀ 北京真觉寺金刚宝座塔上雕刻的佛足图。早期佛教艺术品中没有佛的形象，而以佛足印等象征表现佛陀。

的浮雕是佛坐在马背上，另有几人相随。

表现佛成道后"初转法轮"，桑奇大塔西礼门横梁上的画面是，中央一个巨大的宝轮，众多的人和动物在两旁虔诚地听法；犍陀罗出土的公元3世纪初的雕刻为，佛坐在一个有宝轮的座上，手施无畏印，众人在两旁听法。

阿玛拉瓦底出土的"礼拜图"，中间是一宝座，座前一对足迹，座的背后是伞盖和菩提树，两旁有人合掌礼拜。在帕鲁德出土的"波斯匿王访佛"，画面中心的建筑物内有一法轮，法轮上竖伞盖，说明佛陀所在。

❋ 桑奇大塔，位于印度中央邦首府博帕尔附近，始建于公元前3世纪，是印度早期佛教塔式建筑的典范之作，也是印度现存最大的佛塔。

犍陀罗和秣菟罗的佛教艺术是怎样产生的？

印度西北部在阿育王时期佛教已传入，公元前4世纪亚历山大大帝征服这一地区，成为其远征所及的东部界限，公元前2世纪，希腊人在此建立了大夏国，统治这一地区持续了130年。有些大夏人是热心的佛教徒，比如弥兰陀王就曾在货币上铸有法轮。

公元1世纪，原居住在中国西部的月氏人南进，占领了印度西北部，建立了贵霜帝国，定居犍陀罗（Gandhara，相当于今巴基斯坦白沙瓦和毗连的阿富汗东部一带）。其第三代王迦腻色迦，崇信佛法，并效法阿育王在贵霜区域内大规模兴建寺塔，雕凿佛像。

贵霜帝国时期流行两种佛教艺术样式，分别集中于犍陀罗和秣菟罗（Mathura，在今新德里东南），所以被称为犍陀罗艺术和秣菟罗艺术。

犍陀罗艺术的雕刻往往千佛一面，一般人体比例粗矮，人物表情冷漠，显得有些笨重和沉闷。以马尔坦出土的佛立像为例：这尊佛像的脸作椭圆形，眉细长，眼窝略凹，鼻子从额头笔直伸出，唇薄，头发呈波浪式，具有典型的希腊风格。但头顶上的肉髻，眉间的白毫（智慧的光源）和头后的圆光表明了佛陀的印度身份。面部表情平静庄重，流露出沉思内省的神态。佛身披的袈裟近似希腊长袍，衣褶厚重，像是毛质的厚衣料。赤足。

秣菟罗艺术较之犍陀罗艺术保留了更多印度本土的风格。这种艺术喜爱裸体，崇尚肉感的表现。

公元2世纪中期，秣菟罗地区受犍陀罗艺术的影响，开始雕造佛像。比如于秣菟罗的贾马尔普尔（Jamalpur）出土的佛立像，佛面形方圆，眉毛隆起，嘴唇较厚。头发剃光，肉髻作螺旋形。佛着露右肩的轻薄袈裟，显得肩宽胸实，肌肉匀称。身后圆形背光上雕刻了甚为精美的图案。

秣菟罗艺术的佛像，给人一种健壮强烈的感觉。轻薄贴体的服装，

表现出人体的生命感和力量感。与犍陀罗艺术的沉静内省对比，秣菟罗的艺术风格显得强悍有余而文雅不足。

❋ 印度笈多王朝时期释迦牟尼立像，体现了犍陀罗艺术和秣菟罗艺术的完美融合。

到了笈多王朝时期(320～600)，两种艺术逐渐互相借鉴和融合，完成了希腊式佛像向印度式佛像的过渡，实现了印度本土传统和外来影响的完美结合，迎来了印度艺术的黄金时代。

印度佛教艺术遗迹主要有哪些？

印度佛教艺术开始于孔雀王朝的阿育王时期（前273～前232）。阿育王为传播佛教，在全国范围内立宝塔、建寺院（包括开石窟寺）并在与佛陀生活有关的地点竖立纪念柱（刻有诰文的圆柱）。这种艺术或是单纯的艺术意义，佛造像作为艺术，同样具有这样的功能。当我们在参观各种佛教寺院，或是在游览观[超出了……]

印度的佛教由释迦牟尼于公元前6世纪创立，中间经历了原始佛教、部派佛教、大乘佛教和密教等四个历史阶段，到公元13世纪伊斯兰教大规模传播，佛教在印度本土基本消亡。

印度佛教艺术遗迹比较著名的有巴克拉（Bakhra）石柱、鹿野苑（Mrgadava）石柱、蓝毗尼（Lumbini）石柱、王舍城（Rajagrha）石柱等，这些石柱在玄奘《大唐西域记》中都有记载，近代考古学使它们重现于世。另外当时还开凿了巴拉巴尔石窟群。

蓝毗尼、鹿野苑、王舍城都是佛教圣地，所以石柱雕造得非常美丽，并且有特定的含义。

蓝毗尼现属尼泊尔，是释迦牟尼的诞生地。石柱于1897年发现，柱头上原有一匹马站在倒垂莲花上。马在早期佛教艺术中经常象征释迦牟尼骑马"逾城出家"。

阿育王石柱中最有名的要算鹿野苑出土的石柱了。鹿野苑在印度北方邦瓦腊纳西城，据说是释迦牟尼得道成佛后第一次说法的地方。石柱高15米，柱头已断落，柱身上刻着禁止破僧的婆罗谜字体铭文。同巴克拉石柱一样，这个

❋ 阿旃陀石窟

图为印度古代佛教徒从山体中开凿出来的佛殿和僧房，建造时间大约在公元前1世纪至公元7世纪之间。

阿育王石柱狮子柱顶

石柱也是以狮子形象作柱顶的。四只狮子身连一体，面各一方，分站在中间层的一个宝轮上，宝轮象征着佛陀在此地"初转法轮"。轮与轮之间有象、马、牛、虎四兽浮雕，柱头下层是钟形倒垂莲花。整个柱头显得华丽而雄劲，玄奘曾形容为"石含玉润，鉴照映彻"。在印度独立后，狮子柱头成为了印度共和国国徽的图案。

王舍城在今比哈尔邦附近，是释迦牟尼传道中心地之一。在王舍城迦兰陀出土的石柱，柱头雕刻一只大象。象经常作为佛陀的化身。

巴拉巴尔石窟群是印度现存最早的佛教石窟，在今印度比哈尔邦格雅（Gaya）城北。其中主要石窟为洛马沙利西石窟。最早的石窟仿造寺院的木构茅棚形制，如洛马沙利西窟是单穴一门，平面作椭圆形，高仅4米，是为单人修隐而造。门楣上仿木结构，凿出柱、梁、檩、椽，门楣上有浮雕，表现的是群象礼拜佛塔。

孔雀王朝于公元前185年灭亡。继之而起的是北印度的巽伽王朝（前185～前73）和南印度的安度罗王朝（公元前2世纪～公元3世纪）。这一时期佛教艺术继续发展，成就很高。主要遗址有帕鲁德塔（Bharhut）、桑奇大塔（Sanchi）、菩提伽耶石雕（Buddha）（Gaya）、巴查（Bhaja）石窟、卡尔利石窟（Karli）、阿旃陀（Ajanta）早期石窟和阿玛拉瓦底（Amaravati）流派的雕刻等。

帕鲁德遗迹在北方邦安拉阿巴德西南，是现存最早的佛塔，塔上的石刻为公元前2世纪所雕。在塔的栏楣和栏柱上雕刻了佛传和多种佛本生故事，在人物的艺术处理上还保留了很多旧有的风格，人像显得臃肿，布局也显得拥挤。

这一时期最著名的佛教建筑

○ 印度佛教艺术遗迹主要有哪些？

❀ 泰国大城皇室宗庙遗址，原有许多殿堂、佛塔和珍贵的佛像，现在仅余佛塔如林。

是桑奇大塔。桑奇在中央邦博帕尔（Bhopal）附近。此地现存4座佛塔，桑奇大塔是指一号佛塔。塔的高度是16.5米，直径36.6米。巽伽王朝时期扩建了阿育王时期所建的覆钵形塔体，在土墩外砌砖石，并在塔顶修了一个方形平台和三层伞盖，底部用石头砌筑基坛和围栏。公元前1世纪，又在围栏四周增建了四座陀兰那（Torana，又称塔门牌坊或礼门），上面的精美雕刻使桑奇大塔闻名于世。每一陀兰那由两根顶端雕走兽的方柱和三道横梁构成。方柱和横梁上布满佛教内容的浮雕，多为佛传和本生故事，如东门横梁自下而上雕出了"六牙象本生"、"佛出家门"、"礼拜佛塔"，其中佛陀是用法轮、宝座或菩提树

象征表现的。浮雕凿刻很深，布局紧凑，形象显得富丽而有活力。在牌坊最低的横梁与立柱相交处，用圆雕手法雕出药叉（自然女神）形象，姿势舒展，体态优美，胸臀丰满，洋溢着青春的活力。桑奇大塔的雕刻风格，有些欧洲艺术史家认为是受到了波斯和希腊艺术的影响。

这个时期石窟规模扩大，形制更复杂，主要有两种类型：一为佛殿或经堂式石窟。二为佛寺或僧房式石窟。最早的佛殿式石窟以孟买附近的巴查石窟为代表，约开凿于公元前2世纪初。公元前1世纪前后，石窟逐渐摆脱了仿木结构，其代表为孟买东南的卡尔利石窟大佛殿。

犍陀罗艺术遗存有白沙瓦的迦腻色迦大塔、旁遮普的坦叉始罗城址（Taxila）以及在沙巴兹加里（Shahbaz-garhi）、贾马尔哥利（Jamalgarh）等地出土的佛像雕刻。

公元3世纪后，犍陀罗艺术向阿富汗东部发展，公元5世纪进入后期犍陀罗艺术，或称巴米扬艺术，公元6世纪逐渐终结。这一时期的

主要遗存有巴米扬遗迹、哈达佛寺等。

秣菟罗艺术的遗存主要有布台萨尔和马霍利等地出土的雕刻。

南印度安度罗王朝时期流行阿玛拉瓦底艺术。阿玛拉瓦底艺术较少受到希腊艺术的影响，更多地继承了帕鲁德和桑奇的艺术风格。此艺术最杰出的代表是阿玛拉瓦底大塔。大塔建于公元前2世纪，曾历经整修和扩建，到19世纪末被破坏。但一块饰板上的浮雕为我们提供了公元2世纪末塔的形状。佛塔由精雕细琢的栏杆围绕，顶端蹲着狮子的柱子，分别竖立在四个进口处，替代早期的塔门牌坊。阿玛拉瓦底艺术在公元3世纪时受到犍陀罗艺术的影响，在雕刻中直接出现了佛陀的形象，风格与犍陀罗相似，其重要遗存还有那迦周尼康荼（Nagajunikonda）遗迹。

公元4世纪，贵霜王朝对印度北部的统治结束，继之崛起的是笈多王朝（320～600）。笈多王朝是印度艺术的黄金时代，此时期的佛教艺术将印度本土传统与外来艺术影响完美地融合起来，雕塑题材更强调佛陀和诸菩萨的形象。佛像雕刻可以分为秣菟罗风格和萨尔纳特风格。萨尔纳特即鹿野苑，这种风格的最大特点是佛装更薄，宛若蝉翼，甚至是完全透明，所以又称为裸体佛像。代表作品是《鹿野苑说法像》。

笈多艺术的主要遗存有那烂陀（Nalanda）佛寺遗址和巴格（Bagh）石窟等。笈多时期绘画最杰出的代表是阿旃陀石窟壁画。

公元7世纪后期，佛教进入密教时期，以咒术、坛场、仪礼和民俗信仰为特征，教理更加通俗。

❋ 阿旃陀石窟壁画，多取材于佛传和佛本生故事。其后期壁画代表了古印度绘画艺术的最高成就。

阿旃陀石窟因何著名？

阿旃陀（Ajanta）石窟是印度著名的佛教石窟寺，位于孟买市东北约300千米处。石窟始凿于公元前2世纪，公元7世纪后终止开凿，8世纪后逐渐被人忘却，直到19世纪初才被重新发现。

阿旃陀（Ajanta）石窟开凿在长550米、距地面10～30米不等的崖面上，现存洞窟29座，以中央诸窟年代最早。石窟除5个窟为供信徒礼拜的佛殿窟外，其余都是僧房。其发展可分为两个阶段：第一阶段为早期阶段，时间是公元前2世纪至公元3世纪，主要洞窟有第9、10、12等窟；第二阶段是笈多王朝时期，洞窟有第1、16、17、19等窟。

阿旃陀石窟的建筑和雕刻非常精美，其中以笈多时期的第19窟为代表。该窟门面以中央莲花瓣形卷窗和双柱门廊组成，堂门两旁列柱和柱上斗拱皆装饰图案、花草纹样和人物浮雕，堂内正中的佛塔和门面的窗、门两旁以及周围墙面，遍开大小神龛，内雕佛像或菩萨像，杂以花草图案和各类细部装饰。此窟精美的建筑和雕刻，皆属印度佛教石窟之冠。

阿旃陀石窟更以其壁画艺术著称于世。早期石窟表现的是小乘佛教题材，以本生故事画为主。壁画形象生动，笔法洗练。作于公元前1世纪的《六牙象本生图》，有一块较完整的部分表现了六牙象和象群在森林中生活的场面，神态栩栩如生，象群水沐、歇息、觅食等景色皆跃然壁上。

笈多王朝时期的壁画构图富于变化，人物神态端庄优雅，色彩绚丽丰富。

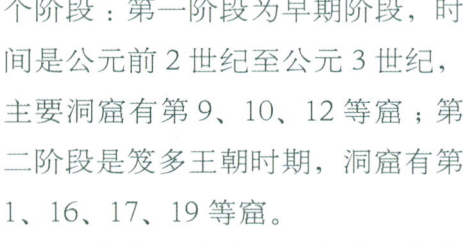

阿旃陀石窟雕刻，雕有佛祖及其他菩萨的巨型石像，人物鲜明生动，给人以优雅、肃穆、纯厚的美感。

巴米扬佛教遗迹在哪里？

巴米扬（Bamiyan）佛教遗迹，位于阿富汗中部的形象。巴米扬城北面兴都库什山区。唐代玄奘曾到过此地，并留下了详细记载，当时该地属于梵衍那国。巴米扬以两尊摩崖大佛像最为著名。

▲ 阿富汗兴都库什山的巴米扬大佛，现已不存。大佛依山而建，十分雄伟壮观。

巴米扬西大佛高55米，《大唐西域记》言其"金色晃曜，宝饰焕烂"，说明当时大佛像镀金，并且建造不久。佛窟内绘有佛、菩萨、飞天和供养人等壁画，具有强烈的印度古典风格，这是继承了犍陀罗的艺术风格，所以有人称之为后期犍陀罗艺术。东大佛高37米，距西大佛不到1千米。佛窟内绘有太阳神驾御四轮马车图，其风格明显受到波斯萨珊王朝的影响。

当时的巴米扬东受犍陀罗的影响，西面则是波斯萨珊王朝和希腊文化圈，所以具有东西文化融汇的地理条件。这种影响明显地表现在这两尊大佛上。

大佛的制作年代，一般认为是公元4至5世纪，有人说是受到了中国古龟兹开凿大像窟的影响。大佛后来被反对偶像崇拜的别派教徒破坏，面部和腕部都残破了。

在巴米扬还有2000多个石窟，分布在约3千米长的断崖上。这里已不见以佛塔为中心的布局，多数石窟为佛殿形式，有的甚至集佛殿、经堂和僧房为一体。石窟平面有方形的、长方形的、八角形的和圆形的，一般长宽各5～6米。窟顶的形式也更为多样，有圆筒形、方形、拱形等。窟壁上设佛龛，龛内的佛像多为泥制，但大部分已经被毁坏了。窟内一般还绘有壁画。

◎ 佛教小百科 ◎

释迦牟尼的诞生地在什么地方？

释迦牟尼的诞生地是蓝毗尼花园（Lumbini，在今尼泊尔南部鲁明台镇）。据说净饭王的夫人摩耶夫人产期将至，按当地习俗回母家分娩，在途经蓝毗尼园时，在一棵婆罗树下从右胁生下了释迦牟尼。

释迦牟尼是佛教的创始人，释迦（Sakya）是种族名，牟尼（Muni）是"圣人"的意思。释迦牟尼本姓乔达摩，名悉达多，约生于公元前565年，卒于公元前485年，大致与中国孔子同时代。

近代发掘了蓝毗尼遗址，遗址中央是摩耶夫人祠，祠内有摩耶夫人诞子浮雕，可惜浮雕已残破，不过在其他地方出土的浮雕有很多是表现这一情节的。据《过去现在因果经》记载，摩耶夫人在花园中见一棵大树，花色香鲜，枝叶茂盛，就举起右手想摘一枝，这时释迦牟尼慢慢地从夫人右胁降生了。摩耶夫人祠南面是一个长方形水池，传说夫人诞子后天降水池，里面长满了莲花，夫人就在池中沐浴净身。

1897年考古学家在摩耶夫人祠西面发现了阿育王石柱，上面用婆罗谜字体刻了铭文，写有"天爱善见王（阿育王），即位二十年，因释迦牟尼诞生于此地，亲来敬礼。王命刻石，上作一马。是为世尊诞生地。故免蓝毗尼村之一切租税，以示惠泽。"

近年来，尼泊尔政府和一些外国佛教徒在蓝毗尼修建了一些塔和寺庙，并计划修建神圣花园和寺庙区。

❀ 释迦牟尼的诞生地蓝毗尼，在今尼泊尔境内，孔雀王朝的阿育王曾来此朝拜并建石柱留念。

什么是佛，释迦牟尼与佛有什么关系？

佛是梵文Buddha（佛陀）的略称，指彻底觉悟真理者，有"功成妙智，道登圆觉"之意。众佛能帮助众人解除人生之苦，是佛教中的尊神，所以是主要的被崇拜对象。

释迦牟尼被佛教徒看做是超世的神，所以他的形象经常被供奉，是佛教艺术中最常见、被人所最熟悉的题材。释迦牟尼像的坐姿主要有三种：①结跏趺坐，就是左足放于右大腿上，右足放于左大腿上，这个姿势使人心中最稳定，所以又称金刚跏趺坐；②半结跏坐，就是右足放于左大腿上，左足放于右大腿下，这是造像中最常见的坐姿；③善跏趺坐，就是两足下垂，又称倚坐。另外还有立像，是释迦游化和乞食的形象。佛像手指的姿势，称为"手印"，最常见的手印是"禅定印"，双手上下相叠放于小腹前，手掌向上，表示禅定；还有"说法印"，左手放在足上，右手举起，屈指作环形；"施无畏印"，右手屈臂前伸，手掌向前，手指向上，表示能除众生苦；"与愿印"，左臂端起，左手食指向下伸屈，手掌向前，表示能满足众生愿。

❀ 印度佛塔

释迦牟尼是作为佛表现的，但他不是唯一的佛。佛教思想认为在一个世界中一个时期只能有一个佛教化众生，但空间是无限的，时间是无始终的。无限的空间有众多的世界，也就有无数的佛；就时间来说，世界可以反复地由成而坏，一佛的教化终尽以后，又有其他的佛继而教化，所以在一个世界中，佛也是无数的。释迦牟尼佛只是此世界中，现在时的教主，经常被表现的其他佛有：此世界未来世的弥勒佛，过去世的燃灯佛，此世界现阶段贤劫的千佛。还有西方极乐世界的阿弥陀佛，东方净琉璃世界的药师佛等。

另外佛教有小乘、大乘之分，显教、密教之分。他们之间教义的不同，导致了他们崇拜的佛像也有不同。

◎ 佛教小百科 ◎ 艺术

什么是三世佛和三身佛？

在有些石窟的洞窟中，并列雕凿着三尊佛像，有些佛寺的大殿内也并列安排了三尊佛像。这种题材有很多是三世佛题材，即过去、现在、未来三世。一般居中的是现在世的释迦牟尼佛，两旁的是过去世的迦叶佛（寺院中特指燃灯佛）和未来世的弥勒佛。

三世佛题材较早出现在云冈早期洞窟内，"昙曜五窟"（第16～20窟）主要造像就是此题材。这种题材的出现是有其背景的：北魏太武帝时，由于有人利用佛教谋图造反，与最高统治者的利益发生了矛盾，另外道教对佛教大肆攻击，导致了中国历史上第一次大规模毁佛，佛教发展受到严重打击。所以，当文成帝恢复佛法时，佛教为了巩固自身的地位，一方面宣扬皇帝即"当今如来"，以取悦于统治者，另一方面针对毁佛时提出的"胡本无佛"的诘难，加紧翻译《付法藏传》等有关佛教历史的著作，以说明佛教源远流长，自有根基。以释迦为中心的三世佛，迅速成为了风靡一时的崇拜对象。

❀ 广州光孝寺三世佛像
中国一般寺院的大雄宝殿，都供奉着三尊佛，称三世佛。三世佛分为竖三世佛和横三世佛。

❀ 河北承德外八庙普乐寺宗印殿竖三世佛像

还有一种三尊佛像的形式也叫三世佛，表现的是中、东、西三个不同世界的佛，又称"横三世"佛。中间的是我们这个世界的释迦牟尼佛，佛两旁是文殊菩萨和普贤菩萨；右边的是西方极乐世界的阿弥陀佛，又叫无量寿佛，双手置于足上，掌中有一莲台，表示接引众生到西方净土，两旁是观世音菩萨和大势至菩萨；左边是东方净琉璃世界的药师佛，左手持药钵，右手拿一粒药丸，两旁是日光菩萨和月光菩萨。

按照佛教的大乘教理，释迦牟尼佛以三种不同的身传法，即"三身"，就是"法身"、"报身"、"应身"，又称"自性身"、"受用身"、"变化身"。有些三尊佛像的形式表现的就是"三身佛"，如天台宗以毗卢遮那佛、卢舍那佛和释迦牟尼佛为法身佛、报身佛和应身佛。法身佛就是佛本身，代表着绝对真理；报身佛表示证得绝对真理而自受法乐的佛身，还表现为大乘菩萨说法而变现之身；应身佛表示佛为度脱世间众生，随三界六道有不同状况和需要而现之身，或为释迦牟尼之生身，或为变现混迹于世间的天、人、鬼等。

什么是菩萨，什么是菩萨行？

菩萨，梵文是菩提萨埵（Bodhisattva），意译有"觉有情"作"道众生"，旧译有高士、大士、无双、大圣等。从凡夫修行到达佛果，要经过长期的、多方面的修习过程，这一过程的结合，这种艺术、美感的形象所看在所谓佛菩萨像，超出了一切修习，统称为「菩萨行」号术意义。佛教造像作为一种宗教艺术同样具有这样的功能。每当我们在参观各种佛教寺院，或是在游览观

菩萨，《翻译名义集》引智𫖮的解释为"用诸佛道，成就众生，故名菩提萨埵"；引法藏的解释为"菩提，此谓之觉；萨埵，此曰众生。以智上求菩提，用悲下救众生"，意思就是能求最

❀ **山西五台山塑像**
观音骑朝天吼居中，旁为天王李靖和木吒太子。

高觉悟（佛道），教化众生，于未来成就佛果的修行者。这种"自利利他"、"普度众生"的思想是大乘佛教所特有的。

菩萨行的典范就是释迦牟尼的一生。按照"菩萨行"的规定，菩萨在慈悲仁爱的精神引导下，应以觉悟一切众生作为培植和积累个人成佛智德的杠杆。众生的无限性，规定了菩萨行的无限性，一般归结为六度，即六种途径，包括布施、持戒、忍辱、精进、禅定、智慧。

修习菩萨行要经过几个阶段，即十住、十行、十向、十地、等觉、妙觉共四十二阶次。等觉就是等同于佛的菩萨，妙觉就是佛位。在中国的石窟和佛寺中，主要的菩萨都是等觉菩萨，他们是辅助佛弘扬教法的，常见的有释迦牟尼佛身旁的文殊、普贤菩萨，阿弥陀佛身旁的观世音、大势至菩萨，还有弥勒菩萨、地藏菩萨等。其中有些菩萨备受民间信仰，成为单独的礼拜对象，如观世音菩萨本为阿弥陀佛的胁侍菩萨，但因为民间对之信仰甚深，所以出现了大量单身的圣观音、十一面观音、千手千眼观音、水月观音、鱼篮观音、送子观音等，是中国佛教艺术中变化最丰富的题材。

何谓七佛和千佛?

小乘佛教认为释迦牟尼只是一个觉悟者("佛"的本义是指"觉")教祖,所以在空间上只谈此世界现阶段的释迦佛,在时间上只谈释迦佛和释迦以前的六佛,这种形象就是所谓"七佛"(毗婆尸佛、尸弃佛、毗舍婆佛、拘楼孙佛、拘那含牟尼佛、迦叶佛和释迦牟尼佛)。

这种艺术形象的集结能使宗教信仰者得到心灵和感情上的满足,超出了单纯的宗教或是单纯的艺术意义。造像作为一种宗教艺术,同样具有这样的功能。每当我们在参观各种佛教寺院,或是在游览现

七佛形象在中国早期石窟中比较常见,如炳灵寺、云冈和麦积山等处十六国和北朝时期的造像。在云冈第10窟后室南壁是七个禅定坐佛,这种形象在北魏小龛的龛楣上很常见;第11窟后室西壁是七尊形体高大的立佛,在壁面雕刻中占重要地位。麦积山石窟在北周时期开凿了规模宏大的七佛阁,七佛分别作为七个洞窟的主尊供养。北朝以后,这种具有小乘佛教色彩的造像题材很少见了。

千佛是石窟造像中非常流行的一种题材,而且延续的时间很长,经常表现为整个壁面、窟顶或塔柱上雕刻(或绘制)数量很多的小佛像。另外还有千佛题材的简化形式,表现为九佛或十二佛等。新疆克孜尔石窟后期壁画以千佛题材为主,敦煌石窟和云冈石窟也有很大面积的千佛题材,这是大乘佛教思想在石窟中的反映。在民间,石窟经常被称为"千佛洞"或"万佛洞",可见千佛题材之普遍。

❀ 甘肃天水麦积山千佛廊,位于麦积山东崖东部,开凿于北周时期。

◎ 佛教小百科 ◎ 艺术

何谓西方三圣？

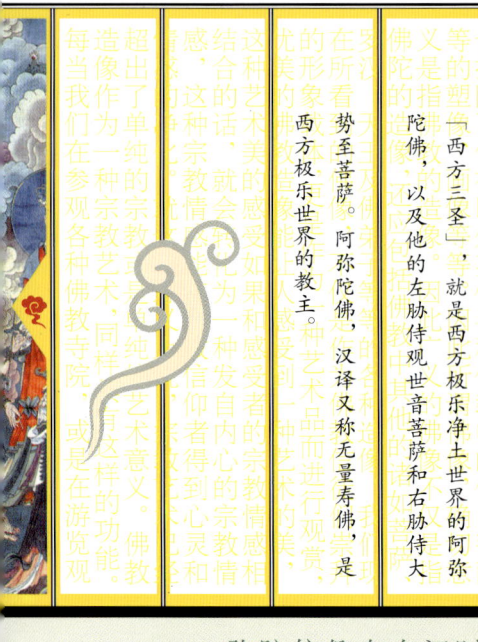

"西方三圣"，就是西方极乐净土世界的阿弥陀佛，以及他的左胁侍观世音菩萨和右胁侍大势至菩萨。阿弥陀佛，汉译又称无量寿佛，是西方极乐世界的教主。

阿弥陀佛信仰在东汉时期就已经传到了中国，从东晋开始在社会上流行。早期同弥勒净土信仰并重，但后来弥勒净土信仰日渐衰落，阿弥陀净土信仰日益兴盛。唐代以信仰西方净土创立了净土宗，其影响深入民间，在社会上广泛流行，至今依然不衰。

西方净土思想为何流传如此广泛呢？这同对西方极乐世界美丽诱人的描述是分不开的。据《无量寿经》和《阿弥陀经》宣称，这个世界以黄金铺地，天上飘着美丽的花朵；这里的众生有非凡的智慧，住在鲜花绿水环绕的宫殿内；这里没有人间的苦恼和艰辛，人人都是幸福的。只要到了这个世界"聋者能听，喑者能语，偻者得伸，跛者得行，愚者黠慧。诸乐不鼓自鸣，妇女珠环，皆自作声。"在这个世界上，人的寿命"欲寿一劫、十劫、百劫、千劫、亿劫，自恣意欲住正寿无央数劫，不可复计数劫，恣汝随意皆可得之。"

西方净土信仰的广泛流行，还在于它简易的修行方法。其认为要转生西方极乐世界，只要对阿弥陀佛及其极乐世界有坚定的信仰，有往生西方净土

甘肃张掖大佛寺的砖雕西方三圣像

的强烈愿望就可以了。以后发展到只要一心专念阿弥陀佛名号,就能够往生净土。由于这种修行方法用力少而得效快,人人都可做到,所以普及到整个社会,一般人念佛,皆口称"阿弥陀佛"。

中国现存最早的"西方三圣"形象,保存于甘肃炳灵寺石窟第169窟,它是西秦时塑造的一坐佛二立菩萨,在像旁墨书题写"无量寿佛"、"大势至菩萨"和"观世音菩萨"。在石窟和寺院中,阿弥陀佛的形象很常见,有些作为三世佛出现,也有的供一阿弥陀立像,称为"接引佛",因为阿弥陀佛能接引众生往生西方净土。

西方三圣中的大势至和观世音,是阿弥陀佛的两个上首菩萨。大势至是"以智慧光普照一切,令离三涂(指地狱、饿鬼、畜生"三恶趣"),得无上力,是故号此菩萨名大势至",其形象是宝冠上有一

❀ 甘肃炳灵寺石窟第169窟的佛像

个宝瓶。观世音的意思是,"若有无量百千亿众生受诸苦恼,闻是观世音菩萨,一心称名,观世音菩萨即时观其音声,皆得解脱"。观世音菩萨大慈大悲,救众生于苦难危急之中,并为众生宣讲佛法,使他们得到解脱。中国民间观世音信仰非常盛行,观音菩萨的形象也很多样,一般的形象是宝冠上有坐佛,菩萨手中提一个净瓶。

何谓东方三圣？

东方三圣，是东方净琉璃世界的药师如来，以及他的左胁侍日光遍照菩萨和右胁侍月光遍照菩萨。药师佛的形象一般是一手持药钵，一手持药丸。表现东方药师净土最丰富的形象，是敦煌莫高窟的经变画。

这种艺术感受者的宗教情感结合，这种宗教情感能使宗教信仰者得到心灵和美感，佛教造像作为一种纯粹的宗教艺术，同样具有超出了单纯的宗教或是单纯的艺术的意义，每当我们在参观各种佛教寺院，或是在游览

✿ 敦煌莫高窟第220窟药师净土变相壁画（局部），初唐时期作品，描绘药师佛手持莲花发愿拯救人间疾苦，诸天撒下香花祝贺的场景。

药师如来在做菩萨时，曾发过十二大愿，以解救众生。十二愿是：第一自他身光明炽盛，第二威德巍巍开晓众生，第三使众生饱满所欲而无乏少，第四使一切众生安立大乘，第五使一切众生行梵行具三聚戒，第六使一切不具备诸根完具，第七除一切众生众病，第八转女成男，第九使众生摆脱天魔外道缠缚，第十使众生解脱恶王劫贼等横难，第十一使饥渴众生得上食之愿，第十二使贫乏无衣者得妙衣。药师成佛后，众生只要敬念药师名号，就可以不入畜生、地狱恶道，可以解脱生、老、病、死等苦难，可以免除九种非正常死亡（九横死），九横死是：一得病无医死，二王法诛戮死，三鬼怪乘隙夺得精气死，四火焚死，五水溺死，六恶兽吞食死，七坠崖死，八中毒死，九饥渴死。

另二圣是日光和月光菩萨，日光菩萨持日轮，月光菩萨持月轮。

何谓缘觉和罗汉？

罗汉又称声闻，意思是"以佛道声，令一切闻"，就是弘扬佛法之意。

缘觉，梵文称为"辟支佛"，就是生在无佛之世，自悟十二因缘而得解脱生死轮回，证入涅槃果位的。缘觉的形象是以头顶上微现肉髻，面目与佛相同，但身体的比例同菩萨一样。

罗汉形象在中国佛教造像中非常普遍。云冈石窟第18窟有十大弟子雕像，第9窟出现了两个声闻弟子做佛的辅弼人物，这种形式被一直沿用，只是弟子的位置更加重要了。隋唐时期，石窟中罗汉形象增加，表现的是宗派传承的历代祖师。安阳宝山石窟大住圣窟刻出了二十四罗汉；龙门石窟擂鼓台中洞刻了二十五罗汉。这两处罗汉像，在每一像旁都刻了罗汉的名字。龙门石窟东山看经寺刻出了二十九罗汉像。

晚唐、五代时期，以十六罗汉为主。

从北宋开始，盛行十八罗汉和五百罗汉题材，这两种形式一直被沿用到近代。

罗汉，是梵文"阿罗汉"（Arhat）的略称，原义是指依小乘佛教修行所能达到的最高境界，后又是指佛陀的造像等的塑像。

在所看即"阿罗汉果位"。达到此种境界，就破除了一切烦恼，得以解脱生死轮回而进入涅槃，后人们称为罗汉。

这种艺术美的形象结合的感觉，这种宗教情感能使宗教信仰者得到心灵的感动，同样具有造像作为一种宗教艺术。同样具有超出了单纯的宗教或是单纯的艺术，每当我们在参观各种佛教寺院，或是在游历现。

※ 河南嵩山少林寺千佛殿"五百罗汉朝毗卢"大型壁画，壁画高7.5米，长42米。

◎佛教小百科◎ 艺术

○ 何谓缘觉和罗汉？

十六罗汉，据佛经说，他们是释迦牟尼的弟子，在释迦佛涅槃之后，他们受佛的嘱咐，不入涅槃，常住世间，受世人的供养而为众生作福业。他们分散在南瞻部洲、鹫峰山等十六处，等到弥勒佛出世之前才完成使命。北凉时期道泰翻译的《入大乘论》记了十六大声闻护法，但未列出他们的名字。现在见到的十六罗汉题材，依据的是唐代玄奘译的《大阿罗汉难提密多罗所说法住记》。自从玄奘译出了《法住记》，十六罗汉受到了佛教徒的普遍信仰，石窟中也出现了这种题材。敦煌西千佛洞第16窟晚唐壁画中就有十六罗汉像。五代时期的大足石窟大佛湾第36龛、杭州烟霞洞等石窟都雕刻了十六罗汉。

十八罗汉由十六罗汉发展而来，最早出现在五代时期的绘画中。北宋苏轼在谪居海南时，曾见到五代前蜀张玄画的《十八罗汉图》，并为之作赞。苏轼还见到了贯休绘的十八罗汉，也作了赞文，并标出了十八个罗汉的姓名，他们是在十六罗汉之外加上庆友尊者和宾头卢尊者。石窟寺中十八罗汉题材不常见，只有个别地点有雕造如杭州飞来峰金光洞。洞中凿出一石床，床的上层刻十八罗汉像，这些像完成于宋代。藏传佛教中的十八罗汉，是在十六罗汉外加摩耶夫人和弥勒，明清时期又加上了布袋和尚。在近代，十八罗汉常塑在大雄宝殿内，作为三世佛的环卫。

五百罗汉在佛经中很常见，如西晋时期竺法护译出《佛五百弟子自说本起经》。关于五百罗汉有不同的说法：一种说是参加第一次结集或第四次结集的五百比丘；一种说是常随释迦左右的五百弟子。

中国在唐代就创作了五百罗汉形象。《五代名画补遗》记载，唐代著名雕塑家杨惠之在河南府广爱寺塑了五百罗汉，这是现知最早的五百罗汉形象。五代时期，五百罗汉开始兴盛。吴越王钱氏造五百铜罗汉于天台山；道潜禅师在净慈寺创建五百罗汉堂。北宋时期五百罗汉的信仰更盛，各地寺院多建五百罗汉堂。石窟中也出现

了五百罗汉窟，如大足大佛湾第168窟，窟的正壁和左、右二壁，都刻满罗汉，共计约532身。早期的五百罗汉没有姓名，在宋代有人为之创立名号。原来认为最早的石刻记录是南宋绍兴四年（1134）的《江阴军乾明院罗汉尊号石刻》，碑现已不存，文收在《嘉兴续藏》第四十三函中。近年在广西宜山县会仙山白龙洞摩崖上，发现了北宋元符元年（1098）的《供养释迦如来住世十八尊者五百大阿罗汉圣号》碑刻，记录了十八罗汉与五百罗汉的名号，名号的排列顺序同乾明院碑不相同，这应该是现存最早的五百罗汉名号记载。

✿ 浙江天台山下方广寺五百罗汉。下方广寺屡毁屡建，每次都重塑五百罗汉。下方广寺即以五百罗汉道场而著名。

天龙八部指的是什么?

佛教艺术中,不但有佛、菩萨和弟子,还有作为佛的护卫神的八部护法像,称为"天龙八部"。这些护法神,原多是古印度婆罗门教和所看各种外道的崇拜对象,后来被佛教加以吸收,结合这种艺术的形象为佛教所利用。

天龙八部众包括天、龙、夜叉、乾闼婆、阿修罗、迦楼罗、紧那罗、摩睺罗迦。

所谓天,就是住在天上的天神。佛教认为只有修习十善、修根本四禅的人们,才能升入天部中。到底有多少天神呢?《经律异相》一书记载:欲界有六天,主要有四大天王,忉利天和他化自在天等;色界二十三天,主要有大梵天(又名鸠摩罗天)、遍净天和大自在天等;无色界四天。在中国石窟造像中很早就出现了天部的形象,以后又不断变化。云冈第8窟窟门两侧,雕出了骑牛的摩醯首罗天和骑金翅鸟的鸠摩罗天;在四川广元皇泽寺第5窟(隋代)八部中,天的形象是一个武士装的天王像。

佛经中的龙,与中国传统文化中的龙有一些相似的地方,所以表现的形象也就是传统龙的形式。龙部有八大龙王,在云冈第11窟的顶上就有这种形象。八大龙王中以难陀、跋难陀最为著名,在云冈第10窟的窟门上有二龙王交缠的雕像,即是表现此二龙。二龙的表现形式沿续时间非常长。在敦煌第158窟唐代壁画中的龙已经人形化,但头上戴的冠上有一条龙。

夜叉,意译就是恶鬼。据说这种鬼面目狰狞,能腾飞,能土遁,

✿ 夜叉,佛教中天龙八部众之一,有地夜叉和飞行夜叉之分。图为泰国大王宫外威武的守门夜叉。

还常伤人。夜叉又有地夜叉和飞行夜叉之分。如云冈洞窟中常见的塔最下层怒发上冲、形似鬼怪的扛托人像，就是地夜叉。云冈第7、8窟前室窟顶，刻出飞行状手托莲花或博山炉的天人，这是飞行夜叉。

✿ 金翅鸟，是佛教中天龙八部众之一，居住于须弥山下层，以诸龙为食。

乾闼婆，就是音乐神，它演奏的音乐威力极大。在普陀山普济寺中的乾闼婆形象，头戴八角冠，左手执笛，右手拿宝剑。

阿修罗是一种非神、非鬼、非人而又极其丑的怪物。佛经上说他非常凶恶好战，与帝释天交战，抓住了日、月，不过最后还是皈依了佛法。许多石窟的门两侧，雕出三头六臂或八臂，双手持日月的形象，就是阿修罗王。

迦楼罗，汉文译为"金翅鸟"。据说它两翅相距三百三十六万里，靠吃龙维生。在云冈一些屋形龛的屋脊中央造出的鸟形象，就是金翅鸟。敦煌158窟的唐代壁画中，迦楼罗被人形化，成为了头戴鸟冠的勇猛武士形象。

紧那罗是歌神，相传是能歌善舞的女性，嫁与乾闼婆为妻。普济寺的紧那罗形象是马面或鹿面，半裸体，手中持乐器。另外在石窟中经常雕绘的伎乐、歌舞天人，应该是乾闼婆和紧那罗的形象。

摩睺罗迦，就是大蛇的意思，它也是一种乐神。普济寺的摩睺罗迦做贵族相，头上顶一条蛇，或者是蛇面，手中持笙，或腰系腰鼓而手执鼓槌。

中国早期石窟、佛寺中天龙八部护法像，主要是依据佛经记载造出的。隋、唐以后，开始出现八部护法人形化的造像，可能与密宗经典在中国的传播有关。

四大天王指的是什么？

四大天王，又称四大金刚，是佛教的四大护法神。四大天王在佛教艺术中出现得很早，印度早期佛教雕刻中就有四大天王的形象。在中国的石窟中，四大天王作为护法形象也经常出现。

四大天王，是欲界六天之一，他们分别护持着释迦佛世界的四个洲。四个洲是如何划分呢？佛教认为，世界以须弥山为中心，四周是大海，海的四面各有一洲。东方的叫东胜身洲，又称持国天，其统领叫提多罗；南方的叫南瞻部洲，又称增长天，其统领叫毗琉璃；西方的叫西牛货洲，又称广目天，其统领叫毗留博叉；北方的叫北俱卢洲，又称多闻天，其统领叫毗沙门。四大天王各率二十八部夜叉大将，镇守佛国一方。

敦煌莫高窟在五代和宋代初期，流行在石窟的窟顶四角绘四天王的形式，被称为"镇窟四天王"。敦煌第285窟西壁上画的四天王，头戴花鬘冠，上身穿着甲胄，下身穿战裙，赤脚。南边的二天王，一个是持两股戟的西方广目天王，一个是执矛的南方增长天王；北边的二天王，一个是托塔的北方多闻天王，一个是持剑的东方持国天王。

现在寺庙中保存的四大天王像，多数是明代以后的作品。这些形象比早期的天王像加入了更多的中国风俗，四天王手中所持的法器有所改变，被象征为风、调、雨、顺。南方增长天王手持剑，象征风；东方持国天王手持琵琶，象征调；北方多闻天王手持一伞，象征雨；西方广目天王手握一条蛇，象征顺。这种象征如意吉祥的天王，比印度象征"四大"（地水火风）的天王，更容易被一般中国人所接受，所以关于天王的传说很多，但往往将天王与金刚相混淆。

在四大天王中，最为大家所熟悉的大概是北方天王了，就是手中托塔的毗沙门天王。从唐代后期开始，毗沙门天王的地位逐渐提高，成为了密宗供养的主像之一。敦煌唐代壁画中的毗沙门天王，多是雄踞在侧壁，全身武士装，左手托一宝塔。重庆大足晚唐石窟中出现了专供毗沙门天王的洞窟，如佛湾的第5窟。

宋代以后，毗沙门天王的形象就不多见了。现在为一般人所熟悉的托塔天王，是毗沙门天王和唐代名将李靖的混合体，已经成了中国形象的佛教护法神了。

❋ 浙江宁波天童寺天王殿四大天王。四大天王又称四大金刚，造像庄严威猛，为寺院的四大护法神。

何谓大日如来？

大日如来是密宗金刚界和胎藏界共同尊奉的主尊。密宗认为，大日如来就是法身佛毗卢遮那，《大日经疏》说"梵音毗卢遮那者，是日之别名，即除暗遍明之义也"，大日就是"遍一切处作大照明"。

这种艺术与宗教情感相结合，这种艺术得到一种宗教信仰者内心的宗教情感，使宗教信仰者得到心灵和美的享受。佛教造像作为一种宗教艺术，同样具有这种功能，每当我们在参观各种佛教寺院，或是在游赏

河北正定隆兴寺毗卢殿的毗卢佛铜像。佛像如宝塔，高6米，构造之精美，全国罕见。

大日如来的形象是"如菩萨形，首戴髻，犹如宝冠"，龙门石窟东山擂鼓三洞中，唐代造了头戴宝冠、臂上戴钏的菩萨装大日如来。

金刚界和胎藏界对大日如来的解释不完全相同，所以形象也有不同。宋代开始，中国流行的主要是金刚界的大日如来，其特点是"顶有五宝天冠，天冠之中存五化佛。结坚牢金刚拳印"。在四川石窟中保存了很多这种形象。大足宝顶山第14窟，主像是大日如来，头戴花冠，冠中有一小坐佛，口中射出两道光芒，头后也有流光放出，体现"流光晃曜遍十方"。

密宗非常注重事相，把佛教的一些理论用形象加以表达。比如佛教的"转识成智"问题，金刚界用五方佛（中东南西北）来表现。中央是大日如来，表法界体性智；东方阿閦佛，表大圆镜智，此智能显现世界万象；南方宝生佛，表平等性智，此智视世界万法平等无差别；西方阿弥陀佛，表妙观察智，由此智观万法，明善恶；北方不空成就佛，表成所作智，由此智可成就自利利他事业。这五智表现了大日如来的五种智慧，"此五智虽为一身所具之智德，而为引摄众生，自本体出生四方之四智四佛"。在中国的很多佛寺内，大雄宝殿供奉的五个坐佛就是五方佛，如山西大同善化寺、华严寺等。

什么是大黑天和欢喜佛？

大黑天又称大黑神，梵文为「摩诃迦罗」。佛教经典说，大黑天是大日如来为降伏恶魔而显现的愤怒相。他三面六臂，前左右手横持宝剑，中间左手提一鬼头，右手拎一羊身，后左右手执一张象皮于背后。

大黑天因为以灰涂身，所以身上是青黑色。他身形极大，以骷髅作璎珞，张牙立目，一副威猛相。形象虽然可畏，但他"性爱三宝，护持五众。使无损耗，求者称情"，并能"供人授与世间富贵，乃至官位爵禄"。供奉此神能够"增其威德，举事皆胜"。虽然关于大黑天的传说唐代已传到中国，但到了宋代大黑天的形象才出现，如大理大崇圣寺千寻塔中出土大黑天像。元代以后，大黑天形象渐多，这是因为喇嘛教极信仰此神，元代由八思巴带入中土流传。元代大黑天形象保存在杭州飞来峰宝成寺，雕像短腿大腹，头发卷曲，瞪目翘须，身体周围挂着骷髅。大黑天两侧是骑狮文殊和骑象普贤两菩萨，两菩萨均作凶猛相，文殊胸前挂骷髅璎珞，狮子和白象身上也挂着人头。造像旁有题记："朝廷著来官骠骑卫上将军左卫亲军都指挥使伯家奴，发心舍净财，庄严麻曷葛剌（摩诃迦罗）圣相一堂，祈福保佑，宅门光显，禄位增高，一切时中吉祥如意者。至治二年月日立石"。

欢喜佛，又称欢喜天或欢喜金刚，是喇嘛教本尊神，做男女二人裸身相抱之形。佛经中说，此男是大自在天之长子，名大荒神，喜行恶事，暴害世界；此女是观音化身，与大荒神相交，得其欢心，使其不行恶事，所以称为欢喜天。其形象是男女抱合而立，赤裸身体，头上戴冠，身上佩骷髅璎珞。女身柔软娇媚，男身威猛刚健。这种形象在汉族地区从元代开始出现，莫高窟元代壁画中有之；到了清代更为普遍，在喇嘛教寺院中供养较为普遍。

❋ 清朝初期的镶绿松石四面欢喜佛。欢喜佛又称欢喜天、欢喜金刚，为喇嘛教的本尊神。

◎ 佛教小百科 ◎ 艺术

佛传故事指的是什么？

佛传故事又叫做佛本行故事，是释迦牟尼一生中各阶段形象的综合。一般从他的诞生（包括诞生前后的种种神异）开始，讲到他作为王太子的生活以及放弃太子身份而出家修道、成为所谓等正觉佛后的教化事迹，直至他去世（涅槃）前后的生平事迹。每当我们看在所谓佛像、菩萨像等等。因此广义的佛像不仅是指这种艺术形式结合，这集中地表现了佛教中其他的著如菩萨造像作为礼拜对象的功用，或是在游览观赏寺院时，看到这些壁画。

比起大致雷同的佛像题材，佛传故事情节更为生动，更有吸引力，也更多地保留与现实有关的内容。其间衍化出种种情节和场面，各经记载不尽相同，

仅新疆克孜尔石窟，各种佛传题材就有六十余种。

关于释迦的传记，一开始并无系统的记载，只散见于小乘阿含部经典和律典中，片段地叙述释迦说法前后的事迹和戒律。此后，在各派的律典中，记载了释迦的简略传记。最后，把律典中的记载加以集中、润色，就形成了独立的佛传系统。汉译佛传经典，主要是《修行本起经》（包括同本异译的《太子瑞应本起经》、《过去现在因果经》）、《普曜经》（包括同本异译的《方广大庄严经》）、《佛本行集经》和《根

🏵 敦煌莫高窟第290窟佛传故事壁画，北周时代作品。壁画以分格方式描绘了释迦牟尼从出生到最终修道成佛的一生。

本说一切有部毗奈耶》等。因而，各个时期的佛传故事作品，就因其所据经本的不同，而有详略和侧重。

刻画释迦本行像，传说是从摩揭陀国王舍城阿世王时开始的。这种传说虽然不尽可信，但从印度古代佛传雕刻作品，如桑奇第一塔浮雕、帕鲁德大塔浮雕、犍陀罗雕刻等，可知佛传故事创作很早即在进行。只是画面不多，情节简单，多为单幅构图，表现佛出家前的事迹较少。这是佛传故事的初期阶段。

中国石窟寺庙中的佛传故事绘画和雕刻，则为其成熟形式的产物，而且具有鲜明的民族特色和地方特色。其中最著名的，有大同云冈第6窟北魏佛传浮雕，分布于中心柱四壁，主室左、右壁和前壁，明窗两侧等处，现存37幅，从树神现身到释迦初转法轮，主要依据《过去现在因果经》雕出。敦煌莫高窟

❋ 云冈石窟第6窟中心塔柱下层的浮雕。塔柱高约15米，方形，上承窟顶，柱下四层大龛雕刻着坐佛及交脚弥勒佛，四壁浮雕为佛传故事。

第290窟北周时期佛传壁画，分布于主室顶部人字披上，现存27.5米，87幅，从入梦受胎到初转法轮，主要依据《修行本起经》绘出。新疆克孜尔第110窟北朝后期佛传壁画，分布于主室东、西、北三壁，每壁分三层，现存57幅（可识别33幅），从树下诞生到释迦涅槃，主要依据《佛本行集经》、《有部毗奈耶》绘出。这些佛传故事作品，均采用多幅连续的连环画式构图，这种长卷式的横幅构图，具有浓郁的中国风格。

什么是四相图和八相图?

❀ 新疆克孜尔石窟第 205 窟阿阇王梦见佛涅槃图,壁画中间女侍摊展开来的丝绸方巾上所绘即为佛涅槃图。

这里所谓佛像,确切意义的佛像不仅是指佛教中其他的诸如菩萨、罗汉等的造像。当我们在参观各种佛教寺院,或是在游超出了单纯的宗教或是单纯的艺术造像作为一种宗教艺术,同样具有的形象结合,这种艺术感。佛教中宗教情感能使宗教信仰者得到心灵故事形式,称为四相图、八相图或十二圣图。选取释迦一生中的重要事迹,用四个、八个或十二个多幅连续的画面,表示其生平的一种佛传

犍陀罗艺术雕刻品中,定型化的四相图和八相图尚未出现。秣菟罗佛教艺术中,始造出表现释迦诞生、降魔、初转法轮、涅槃等四件大事的四相图,时间是公元 3 世纪。四相图或称四相成道,主要为南传佛教的传统。北传佛教中,流行八相图,或称八相成道,对此有大小乘两种不同说法。大乘的八相图,包括兜率天降世、白象入胎、住胎说法、右胁诞生、逾城出家、树下成道、初转法轮、双林入灭等情节。小乘的说法,没有住胎说法一相,而在出家与成道之间,增加降伏魔众一相。大小乘八相图在内容上的不同,前者多出家前情节,后者多修行成佛后的情节。公元 5 世纪以后定型化的八相图,有的增加了千佛化现、佛从三十三天降世、调伏醉象、猕猴奉蜜等四相,成为十二相。

中国早期石窟中,克孜尔石窟和敦煌莫高窟,即有四相和八相壁画形式。最著名的四相壁画,是克孜尔第 205 窟表现阿世王闻佛涅槃后,闷绝昏倒,行雨大臣举出绘有释迦诞生、降魔、初转法轮和涅槃的四相图。莫高窟的四相和八相图作品,或绘或塑,各窟多有。其中,第 428 窟组画形式的佛传壁画,似为十二相,特别是将诞生与涅槃同置一壁,颇为别致。在西藏佛寺壁画中,亦有十二相成道图,包括从人间上生兜率天、从兜率天降世、乘象入胎、树下诞生、逾城出家、山中苦行、降魔、成道、初转法轮、双林入灭等情节,饶具情趣。

因缘故事指的是什么？

因缘为梵语尼陀那（Nidana）的意译，汉译为因、所因、因缘、缘起等，总称因缘，因缘之作用即缘起。因缘是原始佛教基本理论之一，用佛教故事的形式宣传这一道理，称因缘故事。

《五分律》中说："诸法由因缘生，佛陀说法因缘"，因此因缘也是说因果报应之理的。因缘故事多用壁画表现，其重点是渲染佛教信徒对佛因施供养、布施而得到的种种善报以及佛度化众生时的各种神通。

因缘壁画主要见于龟兹石窟和敦煌莫高窟，如克孜尔石窟中可识别者达37种，莫高窟北朝石窟中现存近10种。其著名例子有梵志燃灯、须摩提女请佛、沙弥守戒自杀、微妙比丘尼现身说法、五百盲贼成佛等。

这些因缘故事壁画，各有不同的主题思想和艺术形式，其目的是向人们灌输佛教思想。然而，出现于故事中的人物形象、衣冠服饰、社会生活等现实世界情景，使画面富于生活气息，却是壁画的功德主们所始料不及的。今天，我们面对这些清新隽永的艺术作品，不得不惊叹古代艺术家的丰富想象力和高超的创造才能。

❁ 敦煌莫高窟第257窟须摩提女请佛因缘故事壁画，北魏时期作品。须摩提为印度舍卫城须达长者之女，与其父共同皈依佛教，后嫁至东方福增城，引佛教入城并阐述佛教教义，以使城中民众离开外道皈依佛陀。

◎ 佛教小百科 ◎ 艺术

何谓佛本生故事？

本生，是梵语阇陀伽（Jataka）的意译，意思是一个生命降生后，其行为或善或恶，在五道（或六道）中轮回转生，永无止息。讲述佛前生累世修行的故事，叫做佛本生故事。

印度早期的佛教理论，以主张修行十二因缘和四圣谛（苦、集、灭、道）为主，相信轮回转生，因而就提出了三世二重因果说。这就是说，人间的一切苦难根源在于人的自我意识之中，而要消除苦难，只能求之于自我觉悟和净化，不必诉诸社会斗争，因而，必须重视现世修行和前生累世的修行。

《大般涅槃经》卷15中说："何等名阇陀伽经？如佛世尊，本为菩萨修诸苦行，所谓比丘，当知我于过去作鹿、作熊、作獐、作兔、作粟散王、转轮圣王、龙、金翅鸟，诸如是等行菩萨道，所可受身，是名阇陀伽"。

这种种菩萨行，称为六度或六波罗蜜多。《六度集经》归纳为忍辱、布施、精进、戒度、明度无行和禅定等六种行为，《长阿含·游行经》又概括为布施、持戒、禅定等三种行为，都是菩萨积德成佛（实为放弃斗争）的故事。这些故事从长期流行在古印度民间的寓言、童话中衍演、改造过来，用以宣传佛教教义。

❀ 敦煌莫高窟第257窟九色鹿本生故事壁画，北魏时期作品，描绘了国王带领人马捕捉九色鹿，九色鹿把救人反被陷害的事说给国王听的情节。

佛本生故事在汉译佛经中，主要保存在《六度集经》、《贤愚经》、《杂宝藏经》、《菩萨本生经》、《大方便佛报恩经》和小乘说一切有部律典中。现存的巴利文《佛本生故事》，共收有547个故事，数量最多。这个数字，公元5世纪初中国著名高僧法显在斯里兰卡访问时，曾见到：

王使夹道两旁做菩萨五百身已来种种变现：或作须大拿，或作睒变，或作象王，或作鹿马。如是形象，皆彩画庄校，状若生人。

所谓"菩萨五百身已来种种变现"，就是五百种本生故事。可见佛本生故事至少有五百种。

佛教徒利用本生故事来宣传教义，至迟可以追溯到公元前2世纪至公元3世纪。这一时期建成的桑奇大塔和帕鲁德大塔，就有六牙白象、鹿王本生等本生故事。据称，桑奇大塔的本生浮雕有六种，帕鲁德的本生图有75种。印度的其他佛教石窟，如阿旃陀石窟，也都有佛本生故事雕刻。在南传佛教国家，如缅甸的蒲甘古塔和印度尼西亚的

❈ 新疆克孜尔石窟第38窟佛传前生萨埵太子以身饲虎壁画，此处壁画多用菱形块状方式表现，中间一区为萨太子以身饲虎。

婆罗浮屠，其浮雕取材大多源于本生故事，有的竟把近550个故事一一用浮雕表现出来，蔚成佛本生浮雕的大观。

在中国，本生故事盛行于小乘佛教流行的龟兹石窟和敦煌莫高窟北朝石窟中。仅克孜尔石窟一处，佛本生故事壁画可辨识者即达72种，其总数当远不止此。莫高窟北朝石窟的本生题材也有16种。这是一笔相当丰富的遗存。

著名的本生故事画有哪些？

本生故事种类繁多，内容庞杂，就其表达的主题思想，大致可划分为四类：宣扬忍辱、施舍；宣扬仁智、信义；宣扬孝行；宣扬闻法、持戒。佛教情感能使宗教信仰者得到心灵和情感的结合。这种艺术的形象所看其他佛像，确切意指佛像不仅是菩萨、超出了单纯的宗教或是单纯的艺术造像。佛教作为一种宗教艺术，同样具有每当我们在参观各种佛教寺院，或是在游历……

新疆克孜尔石窟第38窟猴王本生故事壁画，描绘一只猕猴王以身作桥让群猴渡河的故事。壁画左侧即是猴王双手抱树、脚蹬对岸作桥的情形。

以宣扬忍辱、施舍为主题的，数量最多，如舍身饲虎、割肉贸鸽、施眼、施头、施牙、钉身、须达拏、须阇提等；以宣扬仁智、信义为主题的，如狮子王、猴王、鸽王、九色鹿、樵人背恩等；以宣扬孝友为主题的，如睒子、善友太子、四兽、智马、猴王救母等；以宣扬闻法、持戒为主题的，如商主、大光明王、独角仙人、昙摩钳、瞿楼婆王、婆罗门闻偈舍身等。

下面，试以几种流行较广、描绘较多的佛本生故事，举要说明：

萨埵太子舍身饲虎。写太子游行中见一饿虎欲食其子，乃投身虎前，以身饲虎。

尸毗王割肉贸鸽。写尸毗王好施舍，天帝化作鹰追鸽以试，鸽飞王旁求救，王割身肉与鸽等重，鸽得免死。

快目王施眼。快目王善施，一盲婆罗门乞眼，王剜目施人。

月光王施头。一婆罗门乞王头，

王乃以发系树上，使头落施舍。

六牙白象施牙。一猎师求象王牙，王拔象牙授与。

须达拏太子施舍。太子因施国象被王放逐，复施舍车马、衣物、身宝及妻儿，终不悔改，得还故国。

狮子王仁爱。王与猕猴为友，抚育二幼猴，一鹫鸟攫取幼猴，狮子王舍身救助。

猴王以身作渡桥。群猴出游被追捕，前逃遇深涧，猴王横身涧上，以身作渡桥，使众猴逃脱。

鸽王救穷厄。鸽王见雪山中一穷厄迷途人饥寒，投身火中救助。

九色鹿。九色鹿王救一溺水人，溺人贪赏，告国王鹿所。鹿告国王救溺人经过，得免被害。

睒子孝养父母。睒子父母俱盲，至孝奉亲。一日睒子为双亲河边汲水，被国王误射，帝释天感而解救。

善友太子入海求珠。善友太子与兄恶友入海求珠，其兄嫉妒，刺弟双目夺珠还国。善友以孝友复明。

四兽供养仙人。狐、獭、猴、兔四兽，以长幼尊序，依次供养仙人。

智马济王命。梵授王有一智马，王与乱国战，马受重剑。为救王命，智马奋跃莲池，载王还宫，寻即命终。

猴王深坑救母。雪山猴王率五百群猴，遇猎师围捕，母猴堕深坑。猴王指挥群猴，互助捉尾下至坑内，将母救出。

大光明王始发菩提心。王得一白象，令象师调教，屡试不驯。乃知象师只可调身，唯佛方可调心。

昙摩钳太子求法焚身。太子深乐正法，为求授法，投身火坑，烈火变为莲池。

瞿楼婆王闻偈舍妻子。王宣募求法，毗沙门天王化作夜叉，求王所爱妻、子，王即命食之，曾无悔意。夜叉食尽，为说偈语，妻、子生还。

婆罗门舍身闻偈。婆罗门于雪山坐禅，帝释天化作罗刹，为说半偈。婆罗门以身奉施，求后半偈，自高树投下。

❀ 新疆克孜尔石窟第17窟精进力比丘本生故事壁画，应是描绘精进力比丘到山林深处苦修，受佛祖感召欲以身饲其身旁动物的情景。

大乘和小乘佛教艺术有何不同？

大乘佛教，为梵文摩诃衍那（Mahayana）的意译，主要有龙树、提婆创立的大乘空宗（中观派）和无著、世亲创立的大乘有空（瑜伽行派）两个主要派别。小乘佛教，为梵文希那衍那（Himayana）的意译。

公元前4世纪，佛教内部由于对戒律和教义看法的不同，分裂形成代表不同政治集团利益的许多派别，后被称做部派佛教。其最初分为大众部和上座部，后又分十八部或二十部。公元1至2世纪间，从大众部的一些支派演变产生大乘佛教，遂把以前的佛教称为小乘佛教。

乘，即运载、道路之义。小乘佛教标榜自我解脱，大乘佛教则鼓吹救度一切众生。按照佛教解释，大乘佛教能运载更多的人，"自利利他"，从现实世界的此岸，到达涅槃境界的彼岸，故称为大乘（大车，大道），并把只求独善的早期佛教，贬称为小乘（小车）。

小乘佛教艺术的产生，早于大乘佛教艺术。古代印度的早期佛教遗迹（如桑奇、帕鲁德大塔和早期阿旃陀石窟等），都属于小乘佛教艺术范畴。犍陀罗和秣菟罗佛教艺术，则产生于大、小乘佛教的交替、转换时期，故其题材内容前后期亦有所不同。中国新疆境内天山南麓的龟兹佛教艺术，也基本上属于小乘佛教艺术。

从基本教义看，大、小乘佛教艺术的主要区别，有以下三种：首先，小乘只强调人空（无我），不说法空，大乘则说人、法二空。因此，小乘佛陀观只承认此土成道的佛陀，把未来佛弥勒菩萨作为唯一的菩萨，专门崇拜一佛一菩萨。大乘佛陀观则承认佛有法、报、应三身，

在时间、空间上没有涯际,遍满世界,这就是十方三世诸佛和菩萨。克孜尔壁画中,除去少数后期多佛、多菩萨乃至千佛等明显属于大乘佛教思想的内容外,绝大多数是本生时的菩萨、本行时的释迦和未来世的弥勒菩萨,而没有库木吐喇和吐鲁番石窟中常见的阿弥陀佛、药师佛、千佛以及观世音、大势至、文殊、普贤等菩萨。

其次,小乘持自身解脱的自立独善立场,大乘持解脱一切众生的自利利他立场。因此,克孜尔石窟只盛行佛本生、佛传和因缘故事壁画,而没有库木吐喇等石窟的西方净土、药师净土等净土题材壁画。

最后,小乘强调出世间,以出家作为超越苦难之途,大乘则同时主张入世间,只要虚心敬佛,供养佛、法、僧三宝,出家、在家皆可。因此,小乘佛教壁画中的弟子(罗汉),显示出脱俗超世的奇谲容貌,佛旁一般只有迦叶、阿难二弟子。而大乘壁画中弟子形象常为世俗面容,出现十大弟子及十六罗汉、十八罗汉乃至五百罗汉等众多形象。最明显的是有关佛去世的涅槃场面,小乘壁画佛旁只有出家弟子、天人、菩萨等,大乘壁画则绘出了众多的世俗弟子像。

❀ **仰光大玉佛**
慈眉善目的大卧佛面庞丰满圆润,露出恬静慈祥的微笑。

何谓三十三观音，为什么许多地方造出千手千眼观世音像？

三十三尊观世音即不空索、不空勾、耶输陀罗、愤怒勾、阿鲁利迦、如意轮、圆满意愿、大随求、利乐金刚、灭恶趣、一髻罗刹、多罗女、莲华发生、披叶衣、千手千眼、十一面、大吉祥、水吉祥、大势至、大明白身、毗俱胝、大吉大明、丰财、马头、白身、白处尊加上六大观音。这些观世音菩萨，多为密宗中题材。还有一类三十三观音，多为中国所创作，是画家根据民间传说的随意之笔，如杨柳、水月、宝相、游戏、鱼篮、马郎妇、洒水观音等。

观世音菩萨是佛教诸神在中国民间影响最大、信仰最众的一尊菩萨。密宗在中国兴起后，按照密宗仪轨绘制的多面多臂诸神中，千手千眼观世音（大悲观音），也占有十分重要的地位。据佛经所载，该菩萨有千手千眼，表示度一切众生，广大圆满而无碍之义，故其身份与佛相同。供养这一菩萨，还可以得到息灾、增益、敬爱、降伏等四种成就法。因而，在莫高窟、龙门及四川诸石窟中，盛唐以来直至五代、两宋造像，都造出大悲观音像，成为密宗造像的主要题材。新疆库木吐喇石窟近年也发现这种造像。在内地的许多著名佛寺，如

《妙法莲花经·普门品》中说观世音菩萨有三十三种变化身，包括佛以下弟子、声闻、四众、天龙八部等各阶层人物，与此相应，有三十三尊观世音之说。

超出了我教寺院，或是在游览观……结合的艺术……三十三尊观世音之说感。这种佛教……

※ 重庆大足县宝顶山千手千眼观音像

大悲菩萨像作为主像供养。

　　值得注意的是,至迟从唐代开始,中国民间已流传有大悲观音菩萨为妙庄王幼女妙善之说。现存河南宝丰县宋元符三年(1100)由蒋之奇撰文、蔡京书丹的《香山大悲菩萨传碑》,碑文内容记述大悲观音菩萨修道经过,并记碑文原本系唐终南山道宣律师所传,由汝州香山寺住持沙门怀昼出示于蒋之奇。该碑为珍贵文物,在佛教史上及书法研究上都具有重要价值。这就使这位外来的法力无边的菩萨,从身世到形象都经过一番改变,赋予其更浓烈的中国色彩,更易为中国人所接受,流传也更广。今大同善化寺三圣殿扇面墙后,原绘大悲观音像(现为韦陀像),殿后檐下所悬牌匾,亦引述蒋之奇所撰《大悲菩萨香山传》,可见此碑影响之一斑。

❀ 西安大兴善寺观音殿千手千眼观音像

河北正定隆兴寺(宋)、天津蓟县独乐寺(辽)、太原崇善寺(明)、承德普宁寺大乘阁(清)中,都雕

观音和弥勒像为何在中国流行？

中国民众的佛教信仰中，观世音和弥勒菩萨的名气最大，可以说是家喻户晓、妇孺皆知。研究这一社会现象，对了解中国的民间信仰情况，具有极为重要的价值。

观世音菩萨是西方净土佛主阿弥陀佛的胁侍。观世音名称的由来，据说观其音声之人，皆得解脱。作为接引诸佛之一，观世音菩萨负有导引众生往生西方净土的使命。随着东晋名僧慧远首创"莲社"，誓愿生阿弥陀净土以及北魏昙鸾创立净土念佛信仰以来，净土崇拜和净土念佛先是在南朝，后是在北朝后期流行。唐代以后，以阿弥陀及观音、势至崇拜为主的净土宗得以兴盛，因此，造立观音像日多。据记载东晋义熙四年（408），太原郭宣被执在狱，心念观世音，梦睹菩萨，遂被恩赦。出狱后，乃造像立精舍，这是观世音像首见于文献。甘肃永靖炳灵寺西秦建弘元年（420）169窟北壁有"西方三圣"龛，大同云冈第11窟东壁太和十一年（487）所造九十五躯像中，也有观世音与文殊师利、大势至菩萨像。

弥勒菩萨为兜率天净土的本尊。据佛经记载，弥勒上生兜率天宫为人间决疑，是位登十地的正觉菩萨。弥勒还是释迦灭度后下生人世的未来佛。弥勒一旦"下生世间作佛，天下太平，毒气消除，雨润和适，五谷滋茂，树木长大。人长八丈，皆寿八万四千岁"（《法灭尽经》）。这样的净土世界，怎不令人心神往之？最早提倡弥勒信仰的是东晋名僧道安（312～385），他曾与弟子法遇等八人于弥勒前立誓愿生兜率天，并著有《往生论》、《净土论》等著疏。此后，弥勒信仰先是在河西地区和新疆高昌地区流行，并逐渐传入内地。南朝宋元嘉八年（431），比丘尼道琼大造形像，处处安置，其中在瓦棺寺造弥勒行像二躯，是现存较早的文献记载。中国北方石窟多与禅修有关，敦煌、云冈、龙门等北朝石窟，多造交脚坐式的弥勒菩萨，还在窟内外上层专门凿出弥勒龛，都与禅定决疑有关。最早的弥勒佛记载，见于龙门古阳洞南壁太和二十二年（498）高楚造弥勒佛、北壁景

明四年（503）比丘慧乐为北海王元详造弥勒佛像题记。北朝晚期以后，弥勒佛像大多采取双腿下垂的倚坐式。唐代以后，观音造像比弥勒造像更受欢迎。

观音、弥勒造像在其传播过程中，日益被赋予浓厚的民族化、世俗化色彩，颇为引人注目。

相传观世音曾立誓普救世上一切受苦众生，方愿成佛。这样一种大慈大悲、救苦救难的形象，理所当然地受到处于水火之中的下层广大民众的信仰，在民间广为流传。试看国内各地下层民众造观音像之多，足可证明。传之既广，民间遂有"女相观音"之说，并由画家各逞其技，衍化为马郎妇、水月、白衣、披发、鱼篮、送子观音等种种形象，千手千眼观世音的前身亦有说为妙庄王三女妙善者。就连一些修行高深的名僧，如达摩、宝志、泗州僧伽和尚等，也都演义为观音化身，其深入民间的程度，发人深省。

弥勒的情况，稍有不同。作为未来佛，弥勒经常被历代农民起义作为建立"新世界"的号召。北魏延昌四年（515），冀州僧人法庆率众起义，标榜为"新佛出世，除去众魔"。近代的白莲教起义，亦以弥勒佛为宗教旗帜。唐代女皇武则天，为其登基作舆论准备，伪造《大云经》，以弥勒自况，预言武周新朝的建立，这些都是宗教为政治服务的实证。至于五代以后，以僧人契此的形象作为弥勒再世，从此，笑口常开的"大肚弥勒佛"在中国广为流传。

❀ 山西平遥双林寺释迦殿内的渡海观音。此悬塑作品构图繁复，造像有如浮雕。

地藏菩萨是谁？

地藏菩萨的得名，是因其"安忍不动犹如大地，静虑深密犹如秘藏"。佛经中说，地藏菩萨受释迦牟尼佛嘱咐，在释迦佛灭度之后，弥勒佛未生之前，教化六道众生，拯救一切罪苦，所以地藏又称悲愿菩萨。

这种宗教情感能使宗教信仰者得到心灵和意义上的满足，自内心的宗教情感相结合的美的形象。

等的塑造作为一种宗教艺术，同样具有超出了单纯的宗教或是单纯的艺术，每当我们在参观各种佛教寺院，或是在浏览佛教

地藏菩萨现身于天、人和地狱之中，众生只要称地藏菩萨名号，就可以解脱一切苦难，实现自己的愿望。

地藏菩萨的信仰在中国于隋末唐初开始流行，此时地藏的形象也开始出现。龙门石窟于唐高宗麟德年间雕凿了地藏像，多为菩萨装、舒相坐式。这一阶段的地藏像是作为流行于民间的三阶教主像而供奉的。敦煌莫高窟在盛唐时期也出现了地藏像，不过已是手持锡杖的沙门形象。

从晚唐开始，地藏形象才大量出现，主要集中于四川北部和中部的石窟，以及敦煌莫高窟、杭州西湖石窟等地。五代以后，地藏的形象比较固定为头戴风帽、双手各持宝珠和锡杖的沙门装样式，如大足北山第37窟和敦煌石室本北宋地藏十王绢画。江南一带情况略有不同，杭州慈云岭资延寺五代地藏像和金华万佛塔塔基出土的北宋地藏像，都是光头大耳的比丘形象。

五代以来，成都府大圣慈寺沙门藏川述写的《佛说地藏菩萨发心因缘十王经》广为流传，于是解救六道众生出地狱的地藏菩萨与十殿阎王、地狱变和六道轮回等题材相联系，地藏的形象更为丰富。大足大佛湾第20窟非常典型，此窟为

❀ 重庆大足县北山佛湾第279号东方药师净土变相龛地藏像（五代 后蜀）

❀ 重庆大足县北山佛湾第 177 号地藏变相图（北宋）

宋代雕凿。龛内主像为地藏，地藏两侧上层各雕五个明王，中层是十组地狱变相，下层是八组地狱变相。杭州慈云岭资延寺的地藏菩萨头上引出云纹，绕向龛楣，云间浮雕八道轮回图。"六道"又称"六趣"，佛教认为不同的修行得到不同的境界，即"六趣"：天、人、阿修罗、饿鬼、地狱和畜生。如不求解脱，就永远在六趣间轮回。地藏菩萨曾发愿，要尽度六道众生，令众生解除痛苦，然后始愿成佛。上述造像正是这种说法的形象表现。

关于地藏菩萨，在中国还有另一种说法。据《宋高僧传》记载，释迦佛灭度 1500 年后，地藏菩萨降诞为新罗国王族，姓金名乔觉，出家后于唐玄宗时航海来到中国，居安徽九华山数十年，九十九岁圆寂。当地一位闵长者长期供养地藏，闵长者的儿子随地藏出家，称道明和尚，后来闵家父子成为了地藏菩萨的胁侍。九华山的月（肉）身殿，相传为地藏成道处。九华山成为地藏菩萨显灵说法的道场，是中国佛教四大名山之一。

何谓十殿阎王？

十殿阎王略称「十王」，是中国佛教中十个主管地狱的阎王总称。十王分居地狱十殿，故称十殿阎王。

依据《集说诠真》和大足石窟石篆山第9龛的北宋十王形象，我们分别述说之。

第一殿是秦广王，专司人间夭寿生死，统管幽冥吉凶。形象是豹眼狮鼻，络腮长须，头戴方冠，右手持笏于胸前。

第二殿是楚江王，司掌活大地狱。凡在阳间伤人肢体，奸盗杀生者入此。阎王短脸阔口，头戴冠，身着长袍，左手捧笏。

第三殿是宋帝王，司掌黑绳地狱。凡在阳间忤逆尊长、教唆兴讼者，被推入此狱。阎王横眉瞪眼，双手于胸前捧笏。

第四殿是五官王，司掌合大地狱，凡世人抗粮赖租，交易欺诈者入此狱。阎王形象是皱眉瞪眼，连耳长鬓，头戴方冠，身穿长袍，左手在膝前握一个念珠，右手持笏放在膝间。

第五殿是阎罗王，先前本来居第一殿，由于同情屈死者灵魂，常常放他们回阳世报怨，被降职到第五殿。

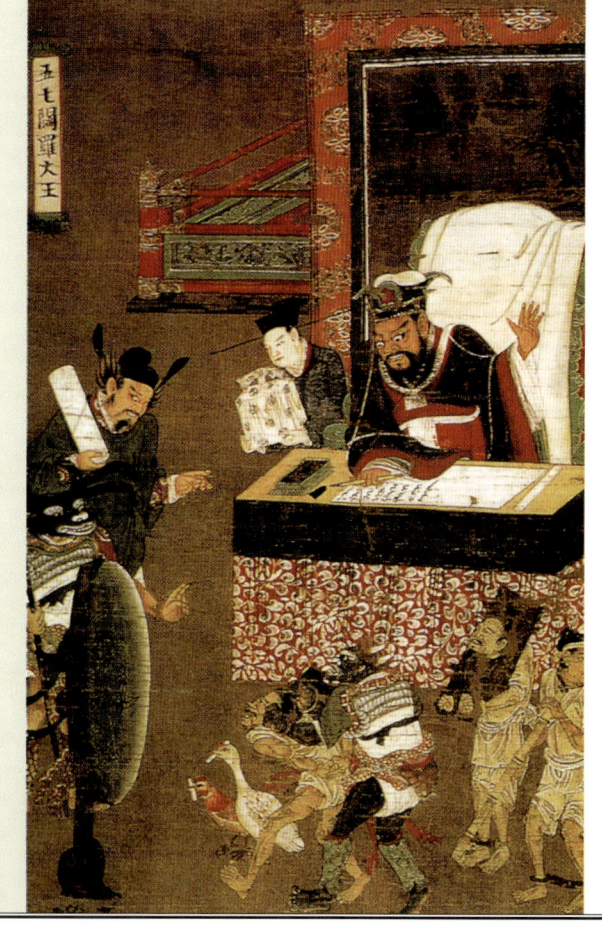

❁《地藏十王图》之"阎罗天子包"，陆信忠绘。阎罗王居地狱十殿之第五殿。

阎罗王是十王之中在中国最为人所知的，其形象是白净面孔，头戴冕旒，两侧垂香袋护耳，身穿荷叶边翻领宽袖长袍，双足着靴，双手在胸前捧笏，正襟危坐。

第六殿是卞成王，司掌大叫地狱和枉死城。凡世人怨天尤地，对北溺便涕泣者，被推入此狱。阎王竖眉张口，头顶战盔，身着铠甲，束腰勒带，足踏革靴，双手于胸前拱揖。

第七殿是泰山王，司掌热恼地狱。凡阳世取骸合药，离人至戚者，发入此狱。阎王是扁鼻凹脸，头戴方冠，双手于怀中持笏。

第八殿是都市王，司掌大热恼大地狱。凡在世不孝，使父母翁姑愁闷烦恼者，被投入此狱。阎王白净面皮，双手捧笏。

第九殿是平等王，司掌酆都城铁网阿鼻地狱。凡阳世杀人放火、斩绞正法者，解到本殿，处以极刑，然后交到第十殿。平等王是老者形象，连鬓长髯，头戴方冠，身着长袍，双手握于袖中，怀中抱着笏板。

❀《地藏十王图》之"秦广王蒋"，陆信忠绘。秦广王居地狱十殿之第一殿。

第十殿是转轮王，专司各殿解到的鬼魂，分别善恶，核定等级，然后发往四大部洲投生。男女寿夭，富贵贫贱，逐名详细开列，每月汇知第一殿注册。阎王面有短须，双手捧笏。

十殿阎王本是唐代末年出现的民间俗说，但后来佛教、道教都加以接受。旧时的城隍庙中也多有十王殿。

韦陀和关羽是怎样的护法神？

这个身穿甲胄的护法神本是韦天将军，相传姓韦名琨，是南方增长天王属下的八大神将之一，居四天王三十二神将之首。唐代初年，僧人道宣梦见此神称："弟子是韦将军，诸天之子，主领鬼神，如来欲入涅槃，敕弟子护持赡部遗法。"此神还"往还护助诸出家人"。但是后来把韦天将军与佛经中所说的韦陀天相混。韦陀是佛教天神，传说佛涅槃时，有邪魔将释迦牟尼的舍利夺走，韦陀猛赶急追，终于将舍利夺回，所以认为他能驱除邪魔、保护佛法。

从宋代开始，寺院内供养韦陀，称之为韦陀菩萨。他一般是童子面相，身着全身甲胄，手持金刚杵，表明他勇猛善战，并且有赤子之心。杭州灵隐寺天王殿内的木雕韦陀，相传为宋代遗物，形象威武而不失和善。

关羽是大家都熟悉的人物，他字云长，河东解县（今山西运城）人，是三国蜀汉大将，佛教把他列为寺院的守护神。

传说隋代天台宗智𫖮在当阳玉泉山建精舍，山上出现种种恐怖现象，虎豹嗥叫，蛇蟒当道，鬼魅长啸，阴兵血唇剑齿，形象丑陋。智𫖮安

❈ 山西平遥双林寺神殿内的护法神韦陀像

然以对。这时出现两人,"威仪如王,长者美髯而丰厚,少者冠帽而秀发",自通姓名,是关羽、关平父子。关羽说,死后主此山,从未见过像大师一样法力无边的人,愿舍山为大师作道场,并且愿意永远护卫佛法。智颚同意了,在寺院建成之后,为关羽授五戒。

又有传说,唐代高僧神秀到当阳玉泉山创建道场,见当地人都供养关羽,就拆毁了关帝祠。忽然关羽出现,向神秀讲明前事,神秀就破土建寺,并让关羽做寺院的守护神。

后世根据这些传说,就把关羽列入伽蓝神,在寺院中塑关羽像供奉。比如杭州灵隐寺在十八伽蓝神旁另塑关羽像,使关羽这一民间神将为佛教服务。

❈ 山西运城解州关帝庙关羽像

什么是弥勒菩萨和弥勒佛？

弥勒，是梵文Maitreya的音译，意译为慈氏。弥勒是姓，名阿夷多。弥勒成佛以前，被称为弥勒菩萨。

据《弥勒上生经》和《弥勒下生经》记，弥勒原出生于婆罗门家庭，后来成为释迦佛的弟子，先于释迦入灭，上生于兜率天宫。释迦佛灭度后，经五十六亿七千万年，弥勒从天宫下生到人间，在华林园龙华树下成佛，教化解脱众生。

在中国，从两晋就开始流行弥勒信仰，到十六国时期，弥勒信仰的主要经典都有翻译。但是一直到北魏中期，社会上主要流行弥勒上生信仰，即弥勒在兜率天宫为诸天众生说法，以及往生弥勒兜率净土的办法。

佛教经典说，若人皈依三宝，诚心向上，就可以往生弥勒净土世界，"除却百亿生死之罪"。这个世界"有八色琉璃渠，一一渠有五百亿宝珠而用合成……于四门外化生四花，一一花上有二十四天女，身也微妙，左肩荷佩无量璎珞，右肩复负无量乐器。如云住空，从水而出。若有往生兜率天上，自然得此天女侍御。"在这天堂乐园里，弥勒为众人说法，解除人们一切烦恼。

伴随着信仰的流行，弥勒的形象也出现了，现存最早的弥勒像，是甘肃炳灵寺石窟第169窟西秦时绘制的，像旁墨书"弥勒菩萨"。新疆克孜尔石窟及莫高窟北凉时期的洞窟，多以弥勒为主像；云冈石窟孝文帝迁都以前的洞窟，以及龙门石窟的早期洞窟，都有很多弥勒造像，并且占据重要位置。这些弥勒形象都是身穿菩萨装，一般是交脚而坐，在屋形佛龛内说法，表现的是兜率天宫的场景。

从北魏前期开始，逐渐流行对弥勒下生的景仰，北魏以后对弥勒上生的信仰已经很少见了。弥勒下生是指弥勒降到人间成佛，从此"天下太平，毒气消除，雨润和适，五谷滋茂，树木长大。人长八丈，皆寿八万四千岁，众生得度，不可称计。"

信仰的变化也在造像中反映出来，弥勒穿上了佛装。现存最早的

佛教小百科

实例，是北魏太和二年造的金铜弥勒佛造像。北魏以后，在石窟中的弥勒造像多是佛装倚坐式。隋唐时期对净土的信仰更加流行，弥勒净土亦不例外，莫高窟的弥勒经变画最有代表性。画画上表现弥勒下生到翅头末城，城中清洁无尘，以金沙覆地，"有香美稻，一种七获，百味具足，入口消化"，树上自然生衣，穿着舒适，等等场面。

通过对龙门石窟唐代造像的研究，可以看到一个有趣的现象，就是从唐高宗到唐玄宗开元、天宝年间，阿弥陀西方净土信仰日益兴盛，而弥勒净土信仰日渐衰落。五代以后，更由僧人契此作了弥勒化身，世人只知"大肚弥勒"了。

❀ 敦煌莫高窟第275窟北凉时期的交脚弥勒佛像。当时敦煌一代流行弥勒佛信仰，此佛像可说是当时的时代见证。

为什么把布袋和尚称做"大肚弥勒"?

说起"弥勒佛",一般人都会想到寺院天王殿的胖和尚,他肥头大耳,大腹便便,笑得眼闭口开,让人觉得喜气洋洋。这个和尚就是人们常说的"布袋和尚"。

根据《宋高僧传》和《佛祖历代通载》等书记载,布袋和尚本名契此,又号长汀子,是五代时期活动在江浙一带的僧人。传说他形体肥胖,经常在锡杖上挂一个布袋行乞,所得之物就放在袋中。饿了就吃一些,饱了就随便找个地方睡下。他出语无定,但给人预示吉凶则非常灵验。他还能预知晴雨,沾雪不湿,让人觉得很神奇。

五代后梁贞明二年(916),契此端坐在明州岳林寺一块磐石上,口念"弥勒真弥勒,分身千百亿,时时示时人,时人自不识。"然后就圆寂了。由于他行动奇特,临死前又念了这样的偈语,所以有人认为他是弥勒转世。又由于他生前总是悠然自得,喜笑颜开,让人觉得

杭州飞来峰大肚弥勒像

此像是飞来峰造像中最大的一尊,也是中国现有最早的大肚弥勒佛。

非常亲切。从宋代开始，在江浙一带就按"布袋和尚"的形象塑像供养，后来又放到寺院天王殿，使人一进寺门就可望见，让人觉得心中欢喜。

现存最早的大肚弥勒形象在杭州飞来峰石窟，他席地而坐，右手按一布袋，像刚刚接受了施舍，左手拿着一串念珠。面部表情丰富，笑态憨厚，双耳垂肩，下巴肥厚。

❀ 淄博陶瓷——弥勒佛

图中"布袋和尚"喜笑颜开，悠然自得，让人心生欢喜。

腹下束绳，托着时时欲出的大肚子，完全是一个亲切慈祥的老者形象。见到他的笑颜，观者也不自禁沉入欢乐之中。在大肚弥勒两旁，雕刻了十八罗汉，他们形态各异，衬托出弥勒形象的怡然自得。

为何把泗州大圣称做观音化身？

在所看泗州（今江苏泗洪县）是历史上的名城，初唐时有西域和尚僧伽定居于此，因名泗州和尚。

僧伽在初、盛唐时期，是一位颇具影响的和尚。僧伽像初为皇帝所供，继而传遍燕蓟之地，至后周则为全国所崇奉。造像作为一种宗教艺术，同样具有这样的功能，每当我们在参观各种佛教寺院，或是在游览观

超出了地结合的感。这种艺术意义，佛教

宋 赞宁《宋高僧传》卷十八《唐泗州普光王寺僧伽传》记载，释僧伽为葱岭北何国人，少而出家，誓志游方，始至西凉，次历江淮。

唐龙朔初年，释僧伽至临淮，始露神异，择地建寺，得香积寺古碑及金像，像衣上刻"普照王佛"字，乃因旧寺基建普照（光）王寺。中宗景龙二年（708），皇帝遣使诏赴内道场，帝御法筵，言谈造膝，占对

休咎，契若合符，赐寺名普光王寺。四年卒于长安，还葬泗州普照王寺。大历十五年（780），代宗赐绢三百匹，杂彩千段，金澡罐，皇太子衣一袭，并令写貌（画像）入内供养。乾符中，谥赐证圣大师。中宗乾元后，燕蓟将僧伽写貌带回，辗转传写其像。五代末周世宗取泗州后，天下凡造精舍，必立僧伽真像，榜曰"大圣僧伽和尚"。迨及清代，福建街巷间多供"泗州文佛"，凿龛设像，或供牌位，犹奉观音大士。

❀ 敦煌莫高窟第217窟观无量寿经变壁画，盛唐时代作品。无量寿佛居中坐在莲花台上，顶上有精美华盖，诸天众菩萨、飞天、伎乐等围绕四周，场面盛大庄严。

什么是经变画？

经变画是佛经变相的简称。所谓变相，是变佛经义是指佛陀的经为图相，亦即变现出来的形象，简称为变。

这就是说，绘画或雕刻佛经中的故事，叫做变相，变现，简称为变。中国佛寺中绘制变相图，早在南北朝就已开始。

这种艺术美的宗教或是单纯的艺术结合，作为一种宗教艺术，同样具有超出了单纯的宗教情感，这种宗教情感能使宗教信仰者得到心灵和感情的升发自内心的宗教情感，每当我们在参观各种佛教寺院，或是在游览造像作为一种宗教艺术，同样具有可能。

❁ 敦煌莫高窟第103窟维摩诘经变壁画。维摩诘是一位在家修持佛法的大乘居士，精通佛理且辩才无碍，壁画即描绘了他与文殊师利菩萨辩法的情景。

在玉门关以东大乘佛教盛行的情况下，原有的"六度"修行的途径，已不能完全适合人们的需要，转而重视大乘学中的《法华》、《维摩诘》、《涅槃》、《弥勒下生》、《阿弥陀》诸经的说教。为了使大多数人都懂得佛教的道理，便需要用通俗语言向人们讲说。于是，创造了经变画，以一系列故事作譬喻，用生动活泼而富有感染力的画面使人们易于理解。唐代佛教宗派建立以后，各宗都将自己依据的主要经典绘制出来，推动了经变画的繁盛。

《历代名画记》记述，梁代名画有宝积经变传世（卷七），隋代名画有展子虔的法华变、董伯仁的弥勒变、杨契丹的杂佛变传于世（卷八）。著名绘画高手，竞逞丹青于宗教壁画，盛极一时。

石窟中的大乘经变画，以敦煌莫高窟最早，隋和初唐就已经出现。

◎佛教小百科◎ 艺术

佛教经变与变文和俗讲有何关系？

吸引听众的"俗讲"。

在唐代,随着佛教的深入民间和宗派的建立,出现了用讲经仪式、讲唱经文、着重敷演故事以优美的形象、丰富的感染力,这种宗教情感能使宗教信仰者得到心灵和情感上的结合。这种发自内心的宗教情感,比如菩萨、佛陀确切指意的形象,超出了单纯的宗教或是单纯的艺术造像作为一种宗教艺术,同样具有每当我们在参观各种佛教寺院,或是在游览佛教石窟时所感到的艺术魅力和宗教感染力。

俗讲时,依据讲经仪式,先有唱经题前的吟词,叫押座文;接着便有俗讲经文,即讲经文。讲经文由于故事性突出,后来便俗称为"变文",或者称为变。这就是说,用通俗的语言,加上有韵的唱词话本,来宣讲佛经,便是俗讲,亦即后来的变文。变文与佛经变相(经变)互相配合,唱变文的人,为了使所讲佛经故事明白晓达,同时又把故事绘成画卷,张挂以配合说唱,这就是经变画。可以说,经变和变文,是俗讲的产物。

俗讲这种讲经形式,至少在初唐已经出现。唐《高僧传·善伏传》中,记载了贞观三年(629)常州义兴寺沙门善伏俗讲事:"窦刺史闻其(善伏)聪敏,追光州学,因而日听俗讲,夕思佛义"。

《大唐大慈恩寺三藏法师传》卷9中,记载显庆元年(656)十二月五日:"其日,法师又重庆佛光王(唐中宗李显)满月,并进法服等,奏曰:辄敢进金字般若心经一卷并函,报恩经变一部。"这里,玄奘献给唐高宗的,是心经原本和报恩经变文。可见,贞观三年以前,已有佛经俗讲;显庆元年以前,已称俗讲经文为变文。

变相和变文这对亲兄弟,是佛教的产物。开始时只是严格地讲唱经文,有说有唱,在寺庙中由法师在高座上聚众宣讲。为了招徕听众,渐渐演变成不援引经文,只是讲唱佛经故事。甚至只沿袭变文讲唱对话的仪式,俗讲与佛经无关

❀ 北魏时期的敦煌壁画"尸毗王割肉贸鸽"。图中称量的衡器,为我们提供了中国最早等臂秤的图形资料。

的中国固有的诗、词、传、记等文体，以铺叙故事取胜。从在寺院中讲唱，又流传到寺院以外的艺人。影响所及，深入民间，已非俗讲僧当初的原意了。到了宋代，僧人在"瓦子"中宣讲，有所谓"谈经"、"说诨"、"说参请"等出现。再后，便发展为宋金时的"宝卷"文学，可以说是唐代变文的嫡派子孙，中国俗文学史由此发端，演变成枝叶繁茂的民间文学，这是俗讲变文的贡献。

唐代寺院中俗讲，唐玄宗时已甚流行。《唐大诏令集》卷113载开元十九年（731）曾禁断俗讲："近日僧尼，此风尤甚，因依讲说，眩惑闾阎……或出入州县……或巡历村乡，恣行教化"。

至长庆、太和、会昌以后，俗讲又盛。当时长安有名的俗讲法师，左街有海岸、礼虚、齐高、光影四人，右街有文淑等三人，以文淑最著名。唐赵《因话录》中记：

有文淑僧者，公为聚众谭说，假托经论。所言无非淫秽鄙亵之事……愚夫冶妇，乐闻其说。听者

❁ 重庆大足县宝顶山大佛湾第15号父母恩重经变相（南宋），龛高650厘米，宽1450厘米，全图十一组人物图像，图为其中一组。

填咽寺舍，瞻礼崇拜，呼为和尚。教坊效其声调，以为歌曲。

这种声音宛畅、说唱并举的俗讲，当然被没有多少文化的下层民众所喜闻乐见，这便是佛教的通俗化和普及化。

变文这种文学体裁，因敦煌写经的发现而重见天日。除了阿弥陀经、法华经、维摩诘经、父母恩重经等佛经讲经文或变文外，也有采纳民间传说、历史故事而演义的《舜子变》、《伍子胥变》、《王昭君变》等变文。其中《降魔变文》，叙述舍利弗降伏六师故事，卷子背面绘有舍利弗与劳度叉斗圣的变相，每段图画与变文相应，这是经变与变文关系的最好说明。

代表性的经变题材有哪些？

所谓佛画，确切意义上的指佛像，不仅是指佛陀或者如善萨、罗汉等的形象，还指配合这种艺术美的信仰情感结合，呈现出一幅幅恢弘的画面。

国内现存的佛教经变壁画和雕塑，以敦煌莫高窟和四川诸石窟保留最多。这些场面宏大、气象万千的经变，因时代、地区和宗派的不同，形成千姿百态的艺术风格。

超出了单纯的宗教或单纯的艺术造像作为一种宗教艺术。同样具有每当我们在参观各种佛教寺院，或是在游览

净土宗是唐代佛教的重要宗派，流传极广。在引人注目的净土经变中，有根据《阿弥陀经》创作的西方净土变，根据《观无量寿经》创作的"观经变"，根据《弥勒下生成佛经》创作的弥勒变，根据《药师如来本愿功德经》创作的东方药师变等。其中，观经变是西方净土变加上未生怨故事和十六观，药师变复杂者加上

九横死和十二愿。

表现几种重要大乘经典的经变有以《妙法莲华经》为题材的法华经变，以《维摩诘经》为题材的维摩变，以《大般涅槃经》为题材的涅槃变，以《大方便佛报恩经》为题材的报恩经变，以《大方广佛华严经》中"华严九会"为题材的华严经变，以《报父母恩重经》为题材的父母恩重经变等。

此外，表现禅宗思想的经变，有根据《大乘入楞伽经》创作的楞伽经变，根据《思益梵天所问经》创作的天请问经变和牧牛道场等。表现天台宗思想的有法华经变。表现密宗思想的，有根据《大乘密严

❀ 重庆大足县宝顶山观无量寿经变相，叙述佛陀应韦提希夫人所请，示现西方极乐净土，并说修三福、十六观为往生法的故事。

重庆大足县宝顶山大佛湾第15号父母恩重经变相（南宋），以故事叙说父母从求子、怀孕、临盆、哺育、长大成人乃至百岁仍为子女烦忧的深情。

经》创作的密严经变，根据《十王经》创作的地藏与十王变，根据《药师如来本愿功德经》创作的药师变。

经变画的创作与发展，与当时的政治风云紧密联系，成为佛画为政治服务的典型实例。如武则天时期的宝雨经变，配合了武则天重译《宝雨经》、敕建大云寺，为登基制造舆论的政治形势。晚唐以后，大幅"劳度叉斗圣变"出现，反映了沙州收复、吐蕃统治时期结束后，沙州民众战胜吐蕃奴隶主的胜利喜悦。

在遗存丰富的莫高窟壁画宝库中，别具一格的"贤愚经变"屏风画，十分难得。《贤愚经》是北凉时在河西汇编的本生、因缘故事集，在西域、河西一带流传很广。盛唐以后的这种屏风经变故事画，多达37品，且均附有榜题文字，应是唐、五代寺院中俗讲的主要内容之一。在石窟中，俗讲僧引导信众边讲唱，边指看壁画。这是研究石窟俗讲、壁画变相与俗讲变文关系的实物资料。

什么是地狱，地狱变是什么样的画面？

地狱为一种宗教观念，与"天堂"相对，为许多宗教所共有。据称地狱位于地下，是恶鬼居住和罪人死后灵魂受苦受罚的地方。

佛教讲业报轮回，声称有天、人、阿修罗、饿鬼、地狱、畜生等"六趣轮回"，由于人的行为善恶不同，分别堕入六趣中轮回。其中，由于妄语欺诳、剽窃财物、阴谋害人等事，必堕地狱。

地狱的名称不一，最早的记载见于《长阿含经》、《大楼炭经》、《起世经》等。《长阿含经》中说有八大地狱：想、黑绳、堆压、叫唤、大叫唤、烧炙、大烧炙、无间地狱。想地狱又有十六小狱。宋日称译《六趣轮回经》说有等活、黑线、炙热、众合、号叫、大号叫、无间、铜爪、铁刺、剑叶、铁鹰、铁磨、煨、尸粪、铁碓等十六地狱。地狱天子叫阎罗，下有小王八，小王下又有复容王三十。另一说据《十王经》，地狱阎罗有十王。《十王经》中还记载，地藏菩萨可解救六道众生，其堕入地狱者"皆令离苦及余恶趣"，以进入人、天二趣中。

❀ 重庆大足石刻宝顶山的地狱变相

初唐以后，中国寺院中已绘制地狱变壁画。在西京慈恩寺、净域寺、化度寺及东京福光寺等处，都画过地狱变。

重庆大足宝顶大佛湾地狱变大幅雕刻，是保存最完整的一组群像。该处雕刻分上下两层，上层正中刻地藏菩萨像，左右分刻秦广大王、楚江大王、宋帝大王、五官大王、阎罗天子、卞成大王、泰山大王、平等大王、都市大王、转轮圣王等十王像。下层刻刀山、镬汤、寒冰、剑树、拔舌、毒蛇、坐碓、锯解、铁床、黑暗、截膝、阿鼻、饿鬼、铁轮、刀船、矛戟、粪池等十六地狱变相，每一像旁，都有题名和赞词。

地狱变题材中，莫高窟和北山、资中、大足、安岳等处石窟，都有地藏与十王变，敦煌石室本地藏与十王绘画也有多幅。杭州资延寺北龛、四川安岳圆觉洞和内江翔龙山石窟，都刻有地藏菩萨与六趣轮回变。

❀ 重庆大足石刻宝顶山六道轮回图

轮回指六道众生因有未尽之业，而于六道中受无穷流转生死轮回之苦，故称为六道轮回。

什么是佛教感通故事图变？

通过佛的神通、奇迹故事，宣扬佛教信仰的形象，使宗教神圣观念带入人间社会，启示人们去相信救世主的描绘，称为佛教感通故事图变。这种宗教情感能使宗教信仰者得到心灵的感结合。这种美的艺术结合，超出了单纯的宗教或是单纯的艺术意味。佛教造像作为一种宗教艺术，同样具有每当我们在参观各种佛教寺院，或是在游

❀ 重庆大足县北山佛湾第 5 号毗沙门天王像龛（晚唐），高 295 厘米，宽 274 厘米，深 145 厘米。

中国佛教史充满许多神话式感通故事。唐代，著名高僧道宣的专著《集神州三宝感通录》流行。初唐开始，莫高窟壁画中描绘了不少佛教感通故事。

公元 8 世纪初开凿的莫高窟第 323 窟，描绘了汉武帝得祭天金人，使张骞通西域大夏问佛名号，康僧会劝服吴王信佛，佛图澄以法术灭幽州四门火，吴郡石佛浮江，东晋扬都金像出水，隋文帝敬法感应降雨等画面，并配以题记文字。而描绘暴戾皇帝改悟信佛、高僧作法灭火、佛像浮江感应、隋文帝受八戒天下风雨顺时等图画和文字，都是敬佛得福的故事。

莫高窟第 237 窟绘有优填王刻梅檀佛迎佛真身故事，龙门敬善寺也有优填王造像。这是讲佛升三十三天为母说法，人间渴仰一睹佛容，优填王即召募国内诸巧师匠，以牛头梅檀作佛像。

莫高窟、安西榆林窟中，绘有西域圣迹故事壁画，如"于阗国舍利弗与毗沙门决海"，说的是于阗国初不信佛，国内变为一大湖，佛命舍利弗与毗沙门天王决海，使湖干涸的故事。

莫高窟壁画中，还绘有高僧得道后的灵异神通故事，如"圣者泗州和尚"僧伽像、刘萨诃和尚因缘变和凉州瑞像。这些和尚，或来自西域，或生在中原，却都出现于壁画中，都是由于虔诚向佛、屡示神异，最后成佛并被供养起来的。

什么是佛教史迹故事画?

佛教感通故事壁画中,一般都标明具体的人物、时间、地点甚至制作过程、形式特征等,有些人物在历史上确有其人其事,现在,一般把这类壁画称为佛教史迹故事画。

关于佛教在中土传播的早期历史,文献记载本身即颇多扑朔迷离之处。敦煌藏经洞发现的《汉法本内传》等典籍,与第323窟描绘张骞通西域等壁画多有相合之处,表明这种佛教历史文献不仅出之于写经文书,而且已经图画为变相,图、文互补,正可以弥补早期佛教史的某些缺憾。例如,汉武帝(画题误为中宗)遣张骞通西域壁画。尽管有不少谬误,但它说明:佛教通过西域传入中国;张骞出使,沟通中西交通,为佛教东传准备了条件;中国方面主动西行求法,迎来了西域高僧等诸多问题,可给我们以许多启示。

这些史迹故事画,地理范围包括从吴郡到于阗,进而到五天竺(从狮子国到犍陀罗、尼婆罗);历史人物从释迦牟尼到汉武帝、张骞、康僧会、孙皓、朱膺、高悝、佛图澄、石虎、隋文帝、昙延、王玄策、刘萨诃、僧伽等多人。虽多属传说,但这些记载多少有史实作背景,若剔除其虚构成分,大多可追寻它们的出处。

至于有关僧伽、刘萨诃等圣僧的史迹画,对研究中国佛教民族化的历程,也能起到一定的帮助。

《五台山图》在莫高窟有着特殊的地位。从吐蕃占据敦煌开始,莫高窟就有多幅这种佛教历史地图和写经文书,其中尤以第61窟五代《五台山图》最为完整。它是中国现存最完备的佛教地志和图经,是描绘10世纪历史的宝贵资料。

❀ 敦煌莫高窟白象入胎故事壁画

唐僧取经等西行求法事迹在石窟艺术中有哪些表现？

汉末以来，一批古代高僧，肩负取经求法重任，长途跋涉，百折不回，往返于西天路上。他们中几位高僧西行求法的事迹，在石窟艺术中也得到了很好的反映。

杭州飞来峰龙泓洞，有一块宋代高浮雕造像，该浮雕七身人物，分作三组：第一组三人，中有二位印度高僧，有头光，上方题记为"摄摩腾"和"竺法兰"。高僧左侧有一从者牵白马，整装待发，上方题记作"葱岭"。第二组位于中间，浮雕三人牵二马，一马驮经，一马背上驮负莲座。上方题记为"朱八戒"、"从人"、"天竺□□□"等。第三组浮雕一位中国高僧，双手合十，有头光，缓步前进，上方题记为"唐三藏玄奘法师"。

第一组浮雕，表现的是东汉明帝时，派遣郎中蔡愔、博士弟子秦景等人前往天竺，迎来天竺摄摩腾和竺法兰两位高僧，并用白马驮回佛像（莲座为代表）和佛经的故事。

第二组浮雕，应为表现三国魏甘露五年（260），中国第一位受戒僧人朱士行西渡流沙，往于阗国取经故事。题记中"朱八戒"三字系后人补刻。

第三组浮雕，为唐僧取经故事。玄奘三藏法师，即俗称唐僧，本姓陈，名祎，洛州缑氏（今河南偃师缑氏镇）人。

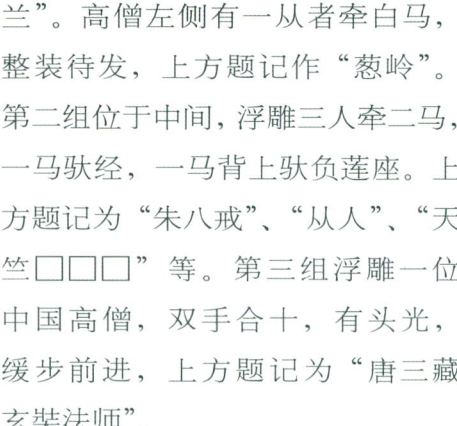

甘肃安西榆林窟第3窟玄奘西行求法壁画，西夏时代作品。唐僧取经故事唐末已开始流传，并附加上许多神话故事，如猴行者（孙悟空）等都已进入传说，此壁画即反映了它的流传范围之广。

贞观元年（627），他从长安出发，出敦煌，经今新疆及中亚等地，历尽艰险，到达中印度，入当时印度佛教中心那烂陀寺学习佛经，一时称誉天竺。贞观十九年（645）返抵长安，往返十七年，行程五万里，携回佛经六百多部，是中国古代译经家中译作最多的一位佛学大师。

玄奘取经一事，唐代已经流传，后经历代民间艺人的创作加工，掺入大量神话传说，形成富有传奇性的艺术作品。现存作品，以南宋刊印的《大唐三藏取经诗话》话本为最早。话本中的人物，除玄奘外，还有猴行者化身的白衣秀才和深沙神等人。元代有《西游记平话》和吴昌龄的杂剧《唐三藏西天取经》，随行者增加为孙行者、猪八戒和沙和尚三人。明代杨志和四十一本《西游记》和吴承恩百回本《西游记》，人物愈多。

基于唐玄奘取经史实而发展

江苏南京九华山三藏塔

演义的唐僧取经故事作品和石窟中的雕刻、绘画，时代愈晚，玄奘的随从人物愈多，故事情节愈复杂。甘肃安西榆林窟，现存三处西夏时期的"唐僧取经图"，也是只画唐僧、孙行者和白马，没有猪八戒和沙和尚。这种有趣的现象，是研究《西游记》这部文学名著时不可忽略的。

什么是供养人像，著名的帝后礼佛图有哪些？

供养人就是出钱建寺开窟、敬事"佛宝"的人。其中包括佛教出家的比丘、比丘尼以及各阶级信仰佛教的男人（优婆塞）和女人（优婆夷）等，也叫做"功德主"。

按照佛教的说法，供养佛可以得到诸多好处。"自作供养者，得大果报。他作供养（施钱于贫苦，使他们供养如来及塔）者，得大大果报。自作、他作供养者，得最大大果报"（《法苑珠林》卷41）。"若有众生于佛灭后，造其形象，幡花众香持用供养，是人来世必得念佛清净三昧"，"除却百亿那由他恒河沙劫生死之罪"

（《观佛三昧海经》）。于是，人们竞相造像，也就不难理解了。

出资造像的供养人，大致有四种：最高统治者皇帝、皇后；贵族和官僚；历代高僧和一般僧尼；下层民众。

由皇室开凿大窟，是自北朝以来的时代风气。先是有北凉统治者沮渠蒙逊在凉州南山兴凿凉州石窟（412～429）。北魏文成帝和平初（460），在武州山为太祖以下五帝"凿山石壁，开窟五所，镌建佛像各一"，孝文帝时继续开凿，这就是著名的云冈石窟。北魏迁都洛阳后，宣武帝又仿照云冈石窟的样式，开凿龙门宾阳三洞。唐高宗时，于龙门奉先寺凿大卢舍那像龛，"皇后武氏助脂粉钱二万贯"，主像"高八十五尺"。河南巩县石窟，为北魏宣武帝、孝明帝时皇室开凿。河北邯郸北响堂山石窟，为北齐文宣帝高洋开凿。太原天龙山童子寺、开化寺二大像，为北齐幼主高恒开凿。因此，石窟中多凿出帝后礼佛图和帝王供养像。龙门宾阳中洞窟门内

❀ 河南巩县石窟浮雕皇帝礼讲经图

❀ 河南巩县石窟浮雕皇后礼佛图

的帝后礼佛图最为著名。门北为皇帝出行图，刻出头戴各种冠冕的孝文帝、太子、诸王、文武大臣和侍从像。门北为文昭皇太后出行图，刻出皇后、昭仪、女官、命妇像。这两幅大型精美异常的浮雕，可惜已被盗往国外。国内现存最完整的帝后礼佛浮雕，保存在巩县第1、3、4窟窟门两侧，共18幅，每窟6幅，上下排列。左侧为皇帝礼佛，右侧为皇后礼佛行列，都以僧尼为前导，随侍供养人和侍从，构图紧凑多变，人物顾盼传神。

许多石窟由贵族、官僚所开凿。云冈第9、10窟为北魏权臣、宠宦钳耳庆时为孝文帝开凿。龙门古阳洞有景明四年（503）比丘法生为北海王元详造像龛。敦煌莫高窟有北魏宗室东阳王元荣、北周建平公于义所凿大窟。至于莫高窟壁画中的于阗国王、公主像，以及"张议潮统军图"、"宋国夫人出行图"壁画，更是研究历代社会历史、衣冠服饰的重要资料。

石窟多与历代高僧有不解之缘。许多石窟、佛寺由著名僧人主持兴建，也留下了他们的供养像。例如，麦积山石窟由玄高主持开凿，云冈石窟由昙曜主持开凿，大足宝顶南宋石窟由赵智凤开凿，南京南朝栖霞山石窟由明僧绍开凿，浙江新昌南朝剡溪大佛由僧护、僧祐等开凿，四川唐民代山大佛由海通开凿。炳灵寺第169窟中，有西秦高僧昙摩毗（昙无毗）画像，大足、安岳石窟有柳本尊、赵智凤像，大住圣窟有僧稠像。

佛教密宗主要供养哪些佛像？

密宗是印度密教传到中国后形成的佛教宗派，以高度组织化的咒术和坛场（曼荼罗）、仪轨（供养、念诵佛像的仪式、准则等）和各种神格信仰为其特征。毗卢遮那佛（大日如来）是密宗造像的最高尊神。每当我们在参观各种佛教寺院，或是浏观

公元六七世纪，佛教在印度进入衰颓期，印度教逐渐取得优势。因而，佛教开始吸收印度教和民间信仰中禳灾、祈福、崇祀众神等世俗宗教观念，逐步走向密教化。公元七八世纪，密教在印度趋于极盛，成为印度佛教的主流。

唐玄宗开元年间（713～714），天竺僧人善无畏、金刚智、不空等相继来到长安，传来印度正纯密教并形成密宗，被称为"开元三大士"。密宗在中国的传承，相传有两部密法：善无畏以传授胎藏界密法为主，金刚智、不空以传授金刚界密法为主，叫做金、胎二界，其中以金刚界在国内传播较广。密宗传入西藏后，与原有苯教相结合，形成藏传佛教体系。

密宗的仪轨极为复杂，对设坛、供养、诵咒、灌顶（注水于头顶的仪式，用于授戒、传法）皆有严格规定，主张修"三密"，即手结契印（身密）、口诵真言（语密）、心作观想（意密）。三密相应，即可即身成佛。密宗两界的根本经典，分别为胎藏界的《大毗卢遮那成佛变加持经》（《大日经》）和金刚界的《金刚顶一切如来真实摄大乘现证大教王经》（《金刚顶经》）。

国内的密宗造像，初唐时即已创作，如龙门擂鼓台北洞的毗卢佛（大日如来）像和莫高窟第321、334窟的十一面观世音像，西安宝庆寺十一面观音石像等。盛唐密宗正式形成后，造像种类和数量逐渐增多。按密宗造像，

❀ 佛教密宗度母像，由观音的眼泪变化而成，此像具有典型的波罗时期（公元9世纪）密宗造像风格。

胎藏界有佛、莲花、金刚三部，金刚界加上宝、羯摩二部共为五部。其中，佛部以毗卢佛为部主，波罗密菩萨为眷属。东方金刚部以阿閦佛为部主，文殊、普贤、观音、地藏四菩萨为眷属。南方宝部以宝生佛为部主，四大菩萨为眷属。西方莲花部以阿弥陀佛为部主，四大菩萨为眷属。北方羯摩部以不空成就佛为部主，四大菩萨为眷属。

密宗造像最高尊神是毗卢遮那佛（大日如来）。以毗卢佛为主造五佛像，为五方佛。此外还有药师琉璃光佛、金轮炽盛光佛等。密宗菩萨像，多为多面多臂、手持各种法物的形象，其中以观音的种种变化身为主，如大悲（千手千眼）、十一面、如意轮、不空羂索、数珠手、白衣、准提三十三观音菩萨等。还有千臂千钵文殊、地藏菩萨和八大菩萨之类。密宗特有的明王，据称是佛、菩萨的愤怒相。明王一般是多面多臂、手持法物的愤怒相，有十大明王、八大明王之说。如有八大菩萨现八大明王像：金刚手菩萨现降三世明王，妙吉祥（文殊）菩萨现大威德明王，观自在（观音）菩萨现马头明王，虚空藏菩萨现大笑明王，慈氏（弥勒）菩萨现大轮明王，地藏菩萨现无能胜明王，除盖障菩萨现不动明王，普贤菩萨现步掷明王。这些菩萨是毗卢佛的正法轮身，愤怒相明王是毗卢佛的教令轮身。也有非愤怒相的明王，如一面四臂骑孔雀的孔雀明王，是毗卢佛的等流身。密宗亦造天王像，特别是北方毗沙门天王像，还造地藏与十王变、地藏与六趣轮回变、地狱变、诃利帝（鬼子母）、大黑天以及陀罗尼幢。

❀ 北京北海善因殿的大威德金刚，又称"怖畏金刚"，俗称"牛头明王"，系无量寿佛的愤怒身，以其可怖可畏的相貌去教令法界，降伏妖魔。

什么是曼荼罗？

曼荼罗（Mandala）为梵语音译，是密宗图像之一，意为圆轮具足、聚集、坛城、轮坛等，是密宗教义的朝拜像之一，指佛陀、佛菩萨的形像。更广泛地讲，是将密宗佛、菩萨尊像集中造出，以备修行时供奉。

❀ 北京故宫曼荼罗

曼荼罗形式或方或圆，中央画本尊佛或菩萨，本尊的四方、四隅各画一菩萨，是为中院。中院周围画一、二层菩萨或护法像，成为外院。创作曼荼罗，需严格遵照本尊经轨中所规定的仪则，如依据《大日经》所绘的胎藏界曼荼罗，据《金刚顶经》所绘的金刚界曼荼罗，一幅中层层描绘众多佛菩萨，名为"普门（都会）曼荼罗"。以药师、弥勒、观世音、阿弥陀等为中心的较简单的曼荼罗，名"别尊（一门）曼荼罗"。居庸关券顶的元代石刻，就是尊胜佛顶曼荼罗。持诵大乘经典如《法华经》、《仁王般若经》等绘制的法华、仁王曼荼罗等，名为"经法曼荼罗"。描绘密宗法器、手印，名为"三昧耶曼荼罗"。

现存曼荼罗作品，较早的是唐代日本求法僧空海（弘法大师），于贞元年间（785～805）在长安请供奉丹青李真等绘制的《胎藏界大曼荼罗》和《金刚界曼荼罗》。前者所绘有十二院、十三院等，中台院及其上下的释迦、文殊、虚空藏院等相当于佛部，观音、地藏院相当于莲花部，金刚手、除盖障院相当于金刚部。后者所绘为九会曼荼罗，即以成身会（诸尊大曼荼罗）为中心，包括三昧耶会（描绘法物、手印）、羯摩会（描绘梵字真言）、大供养会（描绘诸尊威仪）、四印会、一印会、理趣会（描绘金刚萨），降三世会（描绘降三世明王）、降三世三昧耶会。此外，北京昌平元至正五年（1345）的居庸关云台雕刻，西藏萨迦寺、白居寺的曼荼罗壁画及北京、承德、西藏等地的曼荼罗唐卡、雕刻，安西榆林窟的西夏曼荼罗壁画等，都十分珍贵。

❉ 曼荼罗，也称坛城，即将佛、菩萨像集中造出以备修行时供奉。

什么是水陆画？

水陆画是举行水陆法会时，殿堂上悬挂的宗教画或佛寺、石窟中的壁画和雕塑。水陆法会，全名是「法界圣凡水陆普度大斋胜会」，略称水陆法会或水陆道场。

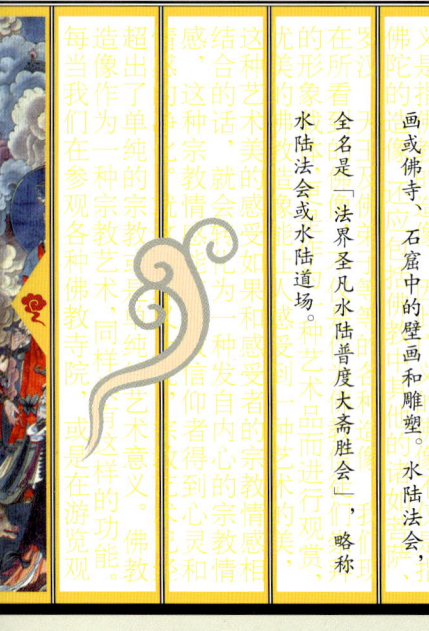

水陆法会的缘起，一般传说是梁武帝梦中得神僧启示，醒后得宝志禅师指教，创作水陆仪轨，在金山寺最初举行。宋代水陆法会开始盛行。

水陆法会是一种隆重盛大的佛事仪则，用以追荐、普度"法界圣凡"。现行水陆佛事分内外坛，以内坛为主，内坛依照水陆仪文行事，悬挂毗卢、释迦、阿弥陀佛等像。外坛修"梁皇忏"、诵法华、净土诸经，设"焰口施食"（焰口即面然，为一饿鬼名）等坛。法事以七昼夜为期。

水陆画并无一定幅数，依法事规模而定，最多有二百幅，少则三十二幅或七十二幅。分上、下堂两部分，上堂为佛、菩萨、缘觉、声闻、祖师、明王、护法及印度古仙人、水陆撰作诸大士等像。下堂为天、人、阿修罗、饿鬼、地狱、畜生等六道像及山岳江海诸神、儒士神仙、城隍土地、善恶诸神等像。可以说水陆画是集儒、道、释画的大成而纷然杂陈的一种创作。

❀ 广州光孝寺水陆法会仪式

国内主要的水陆遗迹有哪些？

水陆法会是宋代兴盛起来的一种佛教仪式,主要依据宋神宗时东川杨锷所撰《水陆仪》。因此,现存的水陆遗迹以四川宋代石窟为较早。

❋ 明代山西右玉宝宁寺水陆画《往古九流百家诸士艺术众》

重庆大足石篆山石窟,为北宋九僧之首希昼禅师的开山道场,也是一处较完整的水陆道场。石篆山石窟现存编号窟9个,有诃利帝母像、志公和尚像、文殊普贤像、孔子及十哲像、三身佛、老君像、地藏和十王像等,与碑记内容相符。其中,6窟雕三身佛,元祐题记中有"戊辰岁十月七日修水陆斋表庆讫"字句。7窟雕孔子及门人十哲像,题记中有"元祐戊辰岁孟冬七日修水陆庆赞讫"字句,明确记载这处石窟为修水陆斋会而建,其像设内容对研究宋代水陆画颇有价值。

宋代以后的水陆遗迹,以山西、河北等地寺院壁画保存较多。山西稷山青龙寺腰殿壁画,为元明重绘的水陆画,绘有佛、菩萨、弟子以及道教南斗六星、五帝神众、元君圣母,儒家往古为国捐躯将士、文武叶赞、孝子顺孙、贤妇烈女众等。山西右玉宝宁寺原有明代水陆画一堂,绢制,供举行水陆法会时悬挂用。河北石家庄毗卢寺正殿明代壁画,四壁各分上下三排,绘天堂、地狱、佛、菩萨、城隍土地、帝王后妃、忠臣良将、贤妇烈女等佛、儒、道各种人物故事画126组、506人。山西平顺明代金灯寺石窟,水陆殿四壁有水陆画浮雕。

什么是唐卡？

唐卡是流行在西藏的、画在布上和丝织品上的宗教卷轴画，通常挂在寺院内，也可以卷起来带于身边。唐卡最初是写在织物上的文告，后来衍变为宗教绘画。

唐卡的题材就是佛像，也就是我们平义上指的佛陀的像。佛陀、菩萨等的塑像、画像在佛教徒所看来是一种发自内心的宗教情感受者的宗教情感的形象。这种宗教艺术美的感受和宗教情感相结合，就成为一种艺术美。这种艺术美如果作为一种单纯的宗教艺术，同样具有的功能。佛教造像作为一种宗教艺术，同样有其审美的意义。每当我们在参观各种佛教寺院，或在游览观超出了单纯的宗教艺术意义。

西藏萨迦南寺发现的公元10世纪的唐卡作品技法已很成熟，说明唐卡的形成最晚在五代（907～960）之前。早期的唐卡几乎全是正方形，后来一般是长方形。唐卡的大小悬殊很大，布达拉宫的大唐卡有五层楼高，一般是四五尺，小的只有五寸。

唐卡的制作过程是：先把画布用石灰水浸泡，作用是软化布质。然后把布铺在光滑木板上，用石块反复磨压，最后刷上水胶粉液。处理过的画布，表面柔软平滑且不露布孔，便于绘制精细的形象。

绘制分以下步骤：加布瑞（起稿）、寸嘎者巴（涂底色）、当结巴（分色晕染）、结界巴（勾线）、斯热（描金）、西扎（整理）。绘制完成后，四边缝上布边（后来一般缝丝绸）。最后，为了防止油烟和灰尘的污染，在唐卡的上面加一层丝绸幔子。

绘制唐卡在民间有三个画派，

❀ 藏族横幅唐卡，中央上方绘释迦牟尼，其余按果位绘菩萨、法王。

※ 胜乐金刚唐卡。藏传佛教噶举派多修胜乐金刚,像有红、黄、白、蓝四面脸,每脸三目,十二臂。

即嘎赤、门赤、庆赤。嘎赤派盛行于前后藏和四川西部,特点是色彩秀丽高雅;门赤派流行于日喀则和拉萨一带,色彩艳丽活泼;庆赤派盛行于山南、拉萨和江孜等地,一般用色复杂,色调暗黑。

唐卡的题材很广泛,常见的有以下几类:①画传,包括佛传、祖师传和大法师传。如莲花生祖师传、萨迦法王八思巴传、黄教祖师宗喀巴传等。②肖像画,有释迦牟尼像、赞普(藏王)像、藏王后妃像、历代法王像、达赖、班禅、活佛像等。③偶像画,有强巴佛、度母像、天王像、金刚像、天女像、各种密宗佛像和护法神等。④史话,有文成公主进藏,达赖五世觐见顺治皇帝等。⑤民俗画,有百戏、乐舞、祭祀、丧葬、射猎、比武等。⑥建筑画,有大昭寺全图、桑耶寺落成图、修建萨迦寺图等。⑦宗教活动,有跳神、法会、说法、辩经等。⑧器物类,有法器、佛具、乐器、武器、"八宝"、"七珍"等。⑨动物画。还有植物、山石等。唐卡几乎对社会上的百业人物和故事传说都加以描绘,所以被称为"历史画卷"。

藏传佛教艺术的主要特点和遗迹是什么？

藏传佛教艺术，包含内容至广，举凡佛学、因明、艺术、医学、天文、建筑、历算、文学等这种种内容，都作为佛教信徒们崇奉的艺术品而进行观赏。艺术与宗教相结合的艺术意义，使人深深体会到一种神秘感，这种感受超出了艺术作为观赏领域，都留下了丰富的遗产。每当我们在参观各种佛教寺院，或是在游览观……

藏传佛教及其艺术是西藏化了的佛教和艺术。它是在西藏本土艺术的基础上融入印度佛教艺术、汉族佛教艺术，创造出富于高原风采的佛教建筑、雕塑、壁画、唐卡（卷轴式绘画）、酥油花等造型艺术，堪称世界屋脊上独树一帜的宗教艺术。

藏传佛教艺术中，首先值得称道的是建筑艺术。无论是达赖喇嘛居住的拉萨市布达拉宫、罗布林卡，班禅喇嘛居住的日喀则市扎什伦布寺，还是被称为"拉萨三大寺"的哲蚌寺、色拉寺、甘丹寺以及山南的桑耶寺、后藏的萨迦寺，都以其气势磅礴的规模和独特的建筑结构，矗立在万山环抱的西藏高原上。它们不仅在中国建筑史上，甚至在世界建筑史上都占

❀ 藏传佛教十一面观音立像。藏传佛教观世音菩萨有四臂观音、十一面观音等多种变相。

❀ 大威德明王。密教有五大明王，大威德明王作青黑色，呈愤怒相，六面，六臂，六足，背负火焰，跌坐或足踏水牛。

有重要地位。呈现在人们面前的藏式宫殿和寺院建筑，大都集藏族传统的碉楼式总体布局、内地汉式梁架结构和印度尼泊尔式内外部装饰特点于一体，表现出雄伟、坚固、富于装饰趣味的特殊格调。

保存在西藏宫殿、佛寺的造像和绘画作品，同样具有引人注目的艺术魅力。其造像所用的材料，有木、瓦、泥、铜、银、金等，包括浮雕、半浮雕和圆雕等多种形式。内容兼容显、密两宗佛像，多具藏传佛教自身的一些特点，如观音像作男身，罗汉为十六罗汉，多塑造"欢喜佛"双身像等。藏传佛教绘画艺术（壁画和唐卡），同样具有鲜明的特点。它融合各种艺术流派、佛教宗派及地方风格，形成富于装饰效果、色泽艳丽、意匠丰富的藏族绘画格调。

元代以后，藏传佛教艺术逐渐向外传播，明、清时期更遍布国内各地。因而藏传佛教艺术的遗存，已不仅限于西藏本地，还包括四川、甘肃、青海、内蒙古等藏族聚居地区以及北京、承德、杭州、敦煌等汉文化传统发达的地区。

石窟的用途为何？

石窟就是开凿在河畔山崖上的佛教寺庙。印度在阿育王时期（前273～前232）就已经开始了石窟的开凿，现存最早的佛教石窟是巴拉巴尔石窟群。

佛陀的本义是指"觉悟了的人"，佛教造像作为一种宗教艺术，同样超出了单纯的宗教艺术意义。每当我们在参观各种佛教寺院，或是在游览观赏的形象所看到石窟的塑像时，就会感受到一种发自内心的宗教情感。这种宗教情感是信仰者得到心灵上的感受到的美，美的艺术发出的宗教情感与艺术美的结合，这种宗教情感与艺术美的结合，就会使人感受到优美。

大约公元3世纪中国开始了石窟的开凿，现存最早的为克孜尔石窟。中国石窟的类型主要有僧房窟、塔庙窟、佛殿窟和大像窟等。

❀ 龙门石窟奉先寺石像

僧房窟是僧人居住、修禅和集会的地方，僧房窟中有一种是专为修禅的小窟，叫禅窟或罗汉窟；佛殿窟是僧徒拜佛的场所，一般在窟中雕出佛的形象或在窟中壁上开龛，内置塑像，像前留有空地；塔庙窟是在佛殿窟内竖立中心塔，又称中心塔柱窟，塔内收藏佛舍利；大像窟是设置大型佛像的洞窟，也是僧徒礼佛的场所。

此外，石窟还兼有安置尸体的功能，如甘肃麦积山石窟、河北响堂山石窟、河南龙门石窟和宁夏须弥山石窟等，称为"瘗窟"。至于石窟中镌刻佛经，则始于北响堂山石窟，其后在许多石窟中被广泛采用，如安阳宝山石窟、龙门石窟、安岳卧佛院摩崖石刻等。

最早的石窟为何出现在新疆?

印度的佛教最早经由古代丝绸之路传入中国,这种宗教思想在公元1世纪以后,随着贵霜王国的骆驼商队首先进入了西域地区。随着佛教思想的传入,贵霜王国的佛教艺术也进入了西域地区。佛教造像作为一种宗教艺术,同样具有这样的功能,每当我们在参观各种佛教寺院,或是在游览观超出了单纯的艺术意义。

新疆克孜尔石窟佛本生故事壁画,原为乐天窟天井壁画的一部分,表现释迦为救孩子不惜牺牲自己生命的故事。此图于1913年至1914年间被德国勒考克探险队剥走。

中国现存最早的石窟在古龟兹(今新疆库车、拜城一带)地区。克孜尔千佛洞开凿于公元3世纪后期,是当时佛教盛行、佛教艺术发达的表现。

一般认为,公元3世纪后期龟兹佛教已相当流行,《晋书·四夷传》称"龟兹国有佛塔庙千所",《出三藏记集》说"拘夷国(龟兹)寺甚多,修饰至丽,王宫雕镂,立佛形象,与寺无异"。在公元3世纪末4世纪初,非常有名的雀梨大寺寺址,曾经出土过一些塑像和壁画。克孜尔石窟就是在这样的社会条件下出现的。

开凿石窟起源于印度,这种形式随佛教思想和艺术进入了新疆。克孜尔早期洞窟继承了印度石窟的形制,但因龟兹地区石质粗松,所以形制又有所改变。克孜尔石窟的早期塑像已不存,但留下了大量的壁画,这些壁画无论是构图还是艺术手法,都显出很多犍陀罗艺术的影响,有些还是波斯风格的。公元五六世纪以后,因受中国艺术的影响,创造了融合东西艺术的新风格。

◎ 佛教小百科 ◎ 艺术

中国石窟分布有何特点？

中国石窟开凿约始于公元3世纪，盛行于公元5～8世纪，到16世纪基本结束。它们主要分布在新疆（古代西域）地区、甘肃西部（古代河西地区）、黄河流域和长江上游地区，另外在南方也有零星分布。

新疆地区是中国接受佛教比较早的地区，最早的石窟就出现在此地。新疆地区的石窟主要分布在天山以南自喀什向东的塔里木盆地北沿一线。比较集中的三个区域是：①古龟兹地区，即今库车、拜城一带。开凿时间约从公元3世纪至8世纪。这里有中国最早的石窟——拜城克孜尔石窟，还有库车境内的库木吐喇石窟、克孜尔朵哈石窟和森木塞姆石窟。②古焉耆区，即今焉耆回族自治县一带。主要有七格星石窟，开凿时间在公元5世纪之后。③古高昌地区，在今吐鲁番附近。主要有吐峪沟石窟和柏孜克里克石窟。开凿时间从公元5世纪一直到13世纪。

甘肃西部有著名的敦煌莫高窟，它的开凿时间从公元5世纪延续到14世纪。莫高窟是中国规模最大、持续时间最长的石窟。这个地区还有武威天梯山石窟、酒泉文殊山石窟、肃南金塔寺石窟、安西榆林窟和玉门昌马石窟。

❀ 新疆库车克孜尔千佛洞

❀ 甘肃天水麦积山石窟

黄河流域地区是中国石窟数量最多的地区，主要有以下区域：①甘肃东部地区。有永靖炳灵寺石窟、天水麦积山石窟、庆阳南北石窟寺，还有宁夏南部固原县须弥山石窟。这些石窟大部分始凿于公元5～6世纪。②陕西地区。这个地区是北方晚期石窟比较集中的地区。比较早期的有公元7世纪开凿的彬县大佛寺石窟、耀县药王洞石窟和公元8世纪的富县石泓寺石窟。晚期（11～12世纪）开凿的有黄陵万佛寺石窟、鄜县阁子头寺石窟、延安万佛洞石窟和志丹城台石窟。③黄河中、下游地区，包括山西、河南、河北、山东。这一地区从北魏起承袭关系清楚，时代特征明显，而且造像数量大，充分显示了佛教艺术逐步中国化的具体进程，在中国石窟发展史上占有重要位置。开凿于北魏时期的有山西大同云冈石窟、河南洛阳龙门石窟、巩县石窟、渑池鸿庆寺石窟、山东济南黄花岩石窟；开凿于东魏时期的有山西太原天龙山石窟、河南安阳宝山石窟；开凿于北齐的有河北邯郸响堂山石窟、河南安阳小南海石窟；隋代开凿的有山东济南千佛山石窟、益都云门山石窟和驼山石窟；唐代开凿的有河北隆尧宣雾山石窟、河南浚县千佛洞石窟；另外还有明代开凿的山西平顺宝岩寺石窟。

在北方地区还有北魏时期开凿的辽宁义县万佛堂石窟和辽代开凿的内蒙古巴林左旗洞山石窟、前后昭庙石窟等。

新疆地区、甘肃西部和东部地区石窟内大部分是泥质塑像和壁画，其他北方地区石窟内多是雕刻（包括圆雕和浮雕）。

南北朝时期，南方和北方对佛教有不同的侧重，北方偏重于宗教修行，流行修禅观像，所以石窟开凿数量很大；南方偏重于佛教义理的争辩，石窟开凿很少。现在存留下来的南朝石窟仅有南京的栖霞山石窟和剡县（今浙江新昌县）石窟。

南方的石窟到唐代才开始多起来，唐代以后的石窟更是以南方为多。这是因为唐代末年发生了"会昌法难"，中原地区佛教受到很大打击，并且此时流行的禅宗不重视开窟造像。石窟开凿的重点转移到受影响较小的边陲地区，如四川、江

❀ 安西榆林窟 25 窟舞乐团壁画

南和西北等地。

四川地区是南方石窟最集中的地区。其中主要有广元皇泽寺石窟和千佛崖石窟、大足北山石窟、宝顶山石窟和石篆山石窟、巴中石窟和安岳石窟等。此处石窟的开凿一般延续到明代。从五代以后，石窟中的造像以密宗题材为多。

南方的石窟在其他地区也有零散分布。重要石窟有云南大理剑川石窟，开凿于相当于晚唐时期的南诏、大理国，地方特点明显；浙江杭州飞来峰石窟，其中以元代造像为多；广西桂林北山石窟等。

通过以上介绍，我们可以看出过去的"中国三大石窟"（敦煌、云冈和龙门）提法是很不完全的。这种说法的提出，是因为过去对全国石窟的调查和研究工作不够，有些重要石窟当时或者还没有发现，或者对已发现的一些石窟的重要性认识不深入。

新疆克孜尔石窟第17窟窟顶壁画（局部），绘有佛本生故事画38种。

对于北魏和唐代这两个开窟造像的高潮来说，敦煌、云冈和龙门毫无疑问是有代表性的。但对于这两个高潮的了解，不熟悉炳灵寺石窟、麦积山石窟、巩县石窟、剑川石窟和四川早期石窟等也是很不全面的。

中国的重要石窟各具时代特点，新疆石窟代表着早期石窟的风貌；响堂山石窟和山东隋代石窟表现了从北魏到唐代风格的过渡；对唐代以后石窟的了解，更要借助于四川石窟、延安石窟和飞来峰等石窟。

丝绸之路和石窟兴盛有何关系？

中国早期重要石窟皆建造在丝绸之路古道上，如龟兹石窟、凉州石窟和敦煌石窟等。丝绸之路是一条贸易通道，促进了中国和西域之间的经济交流。伴随着经济贸易的繁荣，东西方之间的文化交流日益兴盛，佛教艺术传入中国。

这种艺术的形式所显示出来的美感，这种结合所超出了造像作为佛教本身具有的功能。每当我们在参观各种佛教寺院，或是在游览观

我们先以克孜尔石窟和敦煌石窟为例说明石窟的发展与丝绸之路的关系。克孜尔石窟是中国现存时代最早的石窟，开凿于公元3世纪末或4世纪初。克孜尔石窟所在的古龟兹地区经济文化都非常发达，是丝绸之路北道上的要冲，西域同中国之间的来往多经过龟兹，"驰命走驿，不绝于时月；商胡贩客，日款于塞下"。公元1世纪佛教传入中国西域地区，龟兹受其影响。公元3～4世纪，龟兹地区佛教盛行，克孜尔石窟于此时开凿。早期的洞窟深受印度石窟影响，壁画在表现手法上，显现出很多印度和波斯的艺术风格。此后，开石窟造佛像随丝绸之路继续东传。

敦煌是古代丝绸之路上的重镇，位于河西走廊最西端，是中国进入西域地区的出口；敦煌还是丝路南北道的汇合点，所以又是西域进入中国的入口。这样的地理位置

❀ 敦煌莫高窟第296窟壁画北周商旅图，画面生动地反映了公元6世纪商旅古道东西交往的风貌。

❁ 敦煌西千佛洞壁画。西千佛洞壁画与莫高窟壁画风格相似,是敦煌艺术的重要组成部分。

决定了敦煌在中西经济、文化交流之间的重要地位。早在莫高窟创建之前,佛教就随着进行贸易的商队传到了敦煌。丝绸之路直到明代海上航运繁荣之前,一直是中西贸易的主要路线。敦煌的政治、经济重要性历久不衰,莫高窟得以持续发展,其延续时间之长为全国石窟之首。

信仰佛教和开石窟造佛像,是人们追求幸福平安的一种表现。生活在生死叵测中的人,这种宗教情感更是强烈。从敦煌西行就是茫茫荒漠,进入其间死亡随时都会来临。很多旅人怀着对大自然的恐惧,离开敦煌前向石窟寺布施,祈求佛的保佑,以增强自己的勇气和信心。从荒漠中归来的人,为了感谢佛的恩赐,也到石窟寺礼佛造像。这些行旅之人,数量最大的是进行贸易的商队,他们雄厚的经济实力扩大了莫高窟的开窟规模。

莫高窟的艺术风格是与其联结东西的地理位置相吻合的。早期明显受到西域风格的影响,并把这种风格传向内地;同时又深受中原艺术风格的影响,逐渐形成自己独特的风格,并沿丝绸之路传播到西域地区。

什么是龟兹佛教艺术？

龟兹在今新疆库车、拜城一带，北倚天山，南对昆仑，西通疏勒，东接焉耆，是丝绸北道的要冲。佛教沿丝绸之路传播，首先进入新疆地区。南道以于阗为中心，北道以龟兹为中心。在所看到的形象包括佛像中其他的诸如菩萨、因此所谓佛像，确切意义上是指造像。佛教中其他的诸如菩萨、飞天、供养人等的形象不仅是指佛像，广义的佛像不仅是指佛像，广义的佛像⋯⋯这种艺术结合的艺术意义、宗教艺术。同样具有这样的功能。每当我们在参观各种佛教寺院，或是在游览观赏超出了龟兹以流行小乘佛教为主。

《晋书·四夷传》记载："龟兹国西去洛阳八千二百八十里。俗有城郭，其城三重，中有佛塔庙千所。"在库车附近，曾发现"佛塔庙千所"的部分遗迹，其中最著名的是雀离大寺和阿奢理贰伽蓝。

雀离大寺遗址在皮朗古城北约13千米的铜厂河两岸。遗址东西对峙，塔庙林立。外国人曾从这些塔庙遗址中攫去公元4～5世纪塑像、壁画和公元6～7世纪的舍利盒。塑像技法简明，以筋肉描写为特色，保持了某些犍陀罗风格。壁画接近克孜尔中期风格。舍利盒表面施彩绘，一件被日本人盗走的盒最为精美。该盒盖上绘执乐器有翼童子四人，童子外绕连珠圈，圈间绘对鸟图案，盒身四周绘戎装舞人七个。联珠纹和对鸟图案均受萨珊艺术影响。

阿奢理贰伽蓝遗址在库车西约20千米的渭干河西岸。遗址外绕土城，城东、西各存一座高塔。寺址中发现许多塑像和壁画，其中一躯菩萨塑像具有波斯风格。该寺在唐代仍很繁荣，玄奘曾居于此。龟兹地区石窟约占新疆石窟总数的五分之三强，主要有克孜尔石窟、库木吐喇石窟、克孜尔朵哈石窟和森木塞姆等石窟。

克孜尔石窟，现有236个洞窟，其中74个较完整，保存壁画较多。石窟开凿于公元3世纪末至4世纪初，

❀ 新疆库木吐喇石窟第45窟散花飞天壁画

形制以中心塔柱窟为主，壁画题材以表现小乘信仰的本生、佛传为主。公元5世纪初至6世纪初洞窟数量大增，规模扩大，内容丰富，壁画风格有明显的地区特色，是克孜尔石窟的极盛时期。公元7~8世纪逐渐走向衰落，规模变小，内容简化。壁画中出现大乘佛教题材。

库木吐喇石窟现存窟龛112个，是龟兹地区仅次于克孜尔石窟的大型石窟群。石窟开凿于公元5世纪初，一直至公元7世纪，整个面貌与克孜尔同期洞窟很接近，有显著的龟兹特点。公元8~9世纪，除一部分洞窟仍延续龟兹风格外，出现了受中原地区佛教艺术影响的新题材和新风格，还有些洞窟两种风格并存。公元10~11世纪进入衰落阶段。

森木塞姆石窟是古龟兹东部最大的一处石窟群，现存洞窟52个，完整者19窟。石窟始凿于公元4世纪，略晚于克孜尔石窟。洞窟的开凿终于隋唐时期，该石窟以佛殿窟为主。早期壁画和塑像具龟兹当地风格，以小乘题材为主，后期洞窟的风格受中原地区影响。

❀ 新疆克孜尔石窟第205窟争分舍利图，描绘佛陀信众争分佛舍利以回去供养的情景。此图具有明显的龟兹佛教艺术风格。

为什么把克孜尔石窟叫做「戈壁明珠」?

克孜尔石窟,位于新疆拜城县克孜尔镇东南约十千米的戈壁悬崖上。现已编号的洞窟有236个。此石窟是古龟兹境内现存规模最大的石窟造像群,是龟兹佛教艺术的典型代表。

克孜尔石窟始凿于公元3世纪末至4世纪初。早期的洞窟形制以中心塔柱窟为主,此种窟平面为长方形,纵券顶,有前后室,在后室后部设中心塔柱。塔柱正面一大龛,内置坐佛,龛左、后、右绕以甬道,后甬道的后壁前设石台,置涅槃像。中心柱窟的壁画数量多,保存也较好。一般主室券顶中央绘日天、月天和立佛等,两侧壁为数列菱形山峦图案,内绘本生故事或因缘故事画。主室左右两侧壁绘因缘佛传故事,表现释迦的教化事迹。后甬道后壁或前壁,绘涅槃像或焚棺图。早期还有少量大像窟,主室宽大,正壁塑高数米或十余米的立佛像,像前接木结构窟檐建筑。主室正壁左右下方有甬道进入后室,后室后壁下方凿台置涅槃像。克孜尔早期洞窟流行小乘佛教题材,是和当时龟兹地区盛行小乘佛教的情况相吻合的。

从公元5世纪初至公元6世纪,克孜尔石窟进入极盛时期,洞窟数量增加,规模宏大。这一阶段新出现了方形窟,各类洞窟成组合形式排列。壁画主要集中于中心柱窟,

❈ 新疆克孜尔石窟第38窟天相图,采用菱形块区方式表现各种佛或菩萨的故事。

出现了很多新题材。券顶中央天相图趋于简化，新出现须摩提女因缘故事画。券顶侧壁主要绘菱格因缘故事。主室前壁窟门上部，出现降魔和初转法轮等佛传题材。后室和左右甬道侧壁，出现新题材和新布局，内容显著增加，如佛从三道宝阶降世间、第一次结集和八王分舍利等。立佛像成为主要题材。新题材中千佛形象的出现和本生题材的减少，说明大乘佛教已进入龟兹地区。极盛期的克孜尔石窟，其艺术风格有极鲜明的民族和地区特色，

❊ 新疆克孜尔石窟第205窟焚化遗体壁画，描绘佛陀涅槃后，遗体被装入棺木火化的情景。

人物圆脸、小眼，五官集中于面部中央，这种造型对敦煌曾产生过很大影响。多种多样的菱形画格，富于装饰性的大色块对比，都是龟兹佛教艺术的特点。克孜尔石窟在公元7～8世纪，逐渐走向了衰落。洞窟规模缩小，形制和绘塑内容简化，千佛和坐佛成为主要壁画题材。新题材的出现说明大乘佛教对龟兹佛教艺术的影响逐渐加深。

什么是高昌佛教艺术？

古代高昌就是今天新疆吐鲁番地区，是西域与内地交往的重要门户，同时也是汉文化与西域文化的交错点。这里佛教盛行，城中寺院随处可见，中原地区的佛教艺术在此有很大影响。

新疆吐峪沟石窟飞天壁画，图中飞天姿势甚为奇异，上半身为飞天造型，下半身却是坐姿形态。

高昌地区现存主要的佛教遗迹有吐峪沟石窟、柏孜克里克石窟、雅尔湖石窟和胜金口石窟等。

吐峪沟石窟在鄯善县西南，是吐鲁番地区开凿年代较早的石窟。该石窟始凿于公元5世纪，一直延续到回鹘高昌时期（公元9～14世纪）。大部分洞窟已坍毁，仅八个窟尚残存部分壁画。

吐峪沟东南区第四窟，是开凿年代较早、保存较好的一个窟。该窟为前、后室方形窟，窟正中设方坛。窟顶绘莲花、立佛、坐佛、供养天人等，正壁和左、右壁中上部绘千佛，下部绘一周横幅排列的本生故事画，每幅附汉文隶书榜题。本生画内容有"梵志烧身"、"尸毗王割肉贸鸽"、"慈力王施血"等。壁画题材和画风接近龟兹壁画，而横幅排列和汉文榜题显然受中原影响，两种艺术风格在此交汇。

柏孜克里克石窟在吐鲁番县城东北约50千米处。石窟始凿于公元9世纪以后，讫于13世纪。共编号57窟，是古代高昌地区保存最好、内容最丰富的一处石窟。

此石窟洞窟构筑特殊，有些窟采取开凿石崖与土坯砌建并用的形式。窟内原有塑像和壁画遭严重破坏，现仅存部分壁画，内容仍很丰富。题材有以立佛为中心的供养图、横幅连环画式佛经故事画和经变画等。经变画包括西方净土变、药师变以及《法华经》诸品的经变画。壁画上佛像、僧侣和供养人像旁，大多用汉文和回鹘文双行并书榜题。壁画绘制以线描为主，轮廓线用墨线勾出，面部和肢体加以渲染。色调以红为主，画面艳丽。

以柏孜克里克石窟为代表的回鹘高昌佛教艺术，一方面受到龟兹、于阗佛教艺术的某些影响，同时又与敦煌石窟晚唐至宋的壁画有一些相同点，反映了它在佛教艺术传播的路线上起着相当重要的作用。

❁ 新疆柏孜克里克石窟供养礼佛图，高大的佛陀画像居中而立，供养人则分别跪奉两侧。

玉门关内外的佛教艺术有何不同？

敦煌扼居玉门、阳关两座关隘，西通葱岭，东接走廊，是古代中西交通的重要吐纳口，也是东西方两种文化必经的交汇折冲之地。佛教造像作为一种宗教艺术具有的功能，每当我们在参观各种佛教寺院，或是在游览观

在中国广袤的土地和悠久的历史上，玉门关和阳关曾是划分古代西域和内地的重要分界线。

随着商队、使节的进出玉门关、阳关，佛教及其艺术也随之传入内地。在古代异常艰险的交通条件下，对当时的旅行者（包括佛教徒）来说，"西出阳关"意味着生离死别，"生还玉门"则象征着重归故土。因此，玉门关内外的佛教艺术，也就必然存在着差异和不同。

为了说明问题，我们试以敦煌莫高窟早期艺术为例，加以分析。敦煌莫高窟早期艺术，可以划分为两大阶段，呈现出两种迥然不同的艺术风格，这就是十六国（北凉）及北魏前期的西域式风格和北魏晚期、西魏、北周时期的中原内地风格。

敦煌莫高窟十六国及北魏前期的洞窟，内容简单，主要为常见于

❀ 敦煌莫高窟第257窟窟壁一景，壁画具有明显的印度风格，然而最下方小供养人像，又是中土人士装扮，体现了当时佛教中西文化的交融。

※ 玉门关残迹。玉门关是丝绸古道西出敦煌进入西域北道和中道的必经关口，也是佛教传入中国的途经之地。

龟兹石窟的本生、因缘故事和弥勒像。人物造型朴拙，比例适度，面相丰圆，肢体肥壮，神态庄静恬淡，亦与龟兹壁画无异。菩萨一般戴宝冠，裸上身，帔巾长裙，衣冠服饰还保留着西域和印度的风尚。绘画技巧采用表现人物立体感的凹凸晕染明暗画法和土红色烘衬出的温暖沉厚色调。这种西域式风格，明显地受到了以克孜尔石窟为主体的龟兹佛教艺术的影响。然而，敦煌毕竟已是玉门关内重镇，所以流行于西域的丰乳细腰大臀的裸体菩萨、伎乐和飞天，在敦煌壁画中已不存在。这是适应儒家审美观的中国化的表现。

北魏晚期以后的敦煌莫高窟，出现了面貌清瘦、褒衣博带、眉目开朗、风神飘逸的新形象，风格为"秀骨清像"所统一。从题材内容、主题思想到艺术风格，都受到内地的影响。特别是，诸如东王公、西王母和伏羲女娲这类民族传统神话题材，也堂而皇之地进入了石窟佛殿。土生土长的题材与佛教故事画绘于一室，形成了"中西合璧"的画面。

玉门关以内，是中国传统文化艺术孳乳繁育之地。作为外来的宗教艺术，进入这样的地区，不能不在题材内容和艺术造型等许多方面受到当地思想文化的熏陶和改造，以适应汉民族的风土人情，否则便不能扎根生长。玉门关内外佛教艺术的这种不同，反映了中国民族由接受佛教艺术而改造消化，进而逐渐摆脱的历史进程。

为什么敦煌莫高窟由东来的和尚乐僔和法良首先开凿？

据《李君莫高窟佛龛碑》和《莫高窟记》，前秦建元二年（366）有禅僧乐僔和法良，一个感结合的，这两超出了"西游至此"，或者一个"从东届此"，在莫高窟造像作了同样具有这样的功德，每当我观各种佛教寺院，或是在游览观营建石窟。

这是一个有趣的现象，它对研究佛教艺术在中国的传播路线以及如何看待国内各石窟的相互关系问题，至关重要。过去有一种"佛教艺术西来说"，认为佛教艺术先由中国西部传到敦煌，经过消化，再从这个"转运站"传到麦积山等处，然后再输送到中原，由西向东依次传递，到达云冈、龙门、巩县乃至响堂山、天龙山等石窟。按照这一传播路线图，在地理上处于西方的石窟佛寺，似乎一定比东方的早。例如，敦煌莫高窟的开凿要早于其东方的凉州石窟乃至云冈石窟，并对东方石窟产生影响。而实际上，莫高窟是由东来的两位僧人开凿的，其现存北朝第一期洞窟与凉州等地公元5世纪初至5世纪中叶的石窟雕塑、壁画，具有许多相似之处，表明它们在时代上应大致相同。莫高窟开创阶段所受到的东方影响，首先来自北凉的佛教艺术。敦煌早期北魏洞窟，还受到当时政治、经济、文化中心首都平城、洛阳的影响。

这是因为，佛教艺术的发展，

❀ 敦煌莫高窟第409窟壁画回鹘王子供养像，是回鹘王子出行前的礼佛图。

是受当时社会政治、经济、文化的发展状况制约的。作为全国中心的首都地区和政治分裂时期各割据政权中心地区的佛教艺术,因其深厚的文化艺术传统和有力量集中四方的名僧巧匠,常常可以创作出一种新型的造型艺术,处于其他地区学习榜样的地位。佛教艺术由西域向东传播,首及河西地区。河西的政治、经济、文化中心,魏晋以来即在武威,即凉州。

北凉素重佛法,沮渠蒙逊时期凉州佛教艺术臻于盛期。北魏太延五年(439),太武帝灭北凉,"凉州平,沙门佛事皆俱东,像教弥增",佛教及佛教艺术的中心转移到北魏首都平城(今山西大同)。因此,莫高窟先后受到凉州、平城佛教艺术的影响,自在情理之中。

这就表明,我们研究佛教艺术

❁ 敦煌莫高窟的标志性建筑九层楼

的传播和发展历史,不能简单地用地理概念来说明各地之间的相互关系。总的来说,佛教艺术的传播发展,是自西而东进行的,但我们还需按照一定的具体历史情况作出具体的科学分析,不可忽视中心地区造像中心的影响。

什么是石窟艺术的"凉州模式",凉州石窟的遗存指什么?

凉州(今甘肃武威)是十六国时期一大佛教胜地。《魏书·释老志》称"凉州自张轨以来,世信佛教"。凉州模式是在新疆佛教艺术的基础上加以创新的一种石窟模式。

公元4世纪中叶,前凉统治者张天锡在东苑置铜佛像,后又招揽月支、龟兹人组织译场,并亲自参加译经工作。名僧道安《综理众经目录·凉土译经录》中,收有凉州译经59部、79卷,称其译经"寝逸凉土",可知凉州译事之盛。公元4世纪末,中国四大译经家之一龟兹高僧鸠摩罗什居凉州达十七年。凉州佛教渊源久远,至沮渠蒙逊于397年统治凉州后,达到极盛。沮渠氏一门笃信佛教,史载蒙逊"素奉大法,志在弘通"。他曾为母造丈六石像,可能即州南百里的"凉州石崖瑞像",即凉州石窟。蒙逊子茂虔任酒泉太守时,曾在酒泉"起浮图于中街"。

凉州系统的窟龛造像,大多来源于新疆地区。凉州节制西域由来已久,前秦吕光攻占龟兹后,龟兹与凉州往来日多。凉州佛教也和于阗关系密切。龟兹、于阗为西域的佛教重镇,龟兹盛小乘,多凿石窟;于阗习大乘,盛建佛寺。石窟艺术中的大型佛像、方形塔庙窟、上下分栏的壁画布局,上层交脚弥勒、下层坐佛龛的做法、主佛列像以及小乘题材的释迦、交脚弥勒、思维菩萨,大乘题材的千佛等形象,都来自这两个地区。因此,龟兹、于阗系统的佛教及其艺术,于新疆以东首先融会于凉州地区,形成中国新疆以东现存最早的石窟模式——凉州模式。

凉州佛教艺术的特征是:较多开凿方形或长方形的塔庙窟,窟内有每层上宽下窄的中心塔柱,有的塔庙窟设前室。同时开凿设置大像的佛殿窟;主要佛像有释迦、交脚弥勒菩萨、思维菩萨、十方佛和阿弥陀三尊等;壁画主要画千佛、说法图和供养人行列;佛和菩萨面相浑圆,细长眼,深目高鼻,身躯健壮。飞天形体较大。边饰花纹为二方连续的化生忍冬。

现存的凉州石窟遗迹,包括早晚两个阶段。早期有武威天梯山下层第1、4窟，酒泉、敦煌、吐鲁番等地出土的北凉石塔和炳灵寺西秦建弘元年（420）169窟中的第一期龛像。主要佛像有释迦坐、立像，二立佛和三立佛，无量寿佛、十方佛、弥勒菩萨，较晚时出现维摩、文殊对坐像，释迦、多宝佛并坐像。晚期遗迹有肃南金塔寺、酒泉文殊山千佛洞和炳灵寺第169窟第二期龛像，主要造像有七佛、交脚弥勒菩萨夹胁一菩萨一力士像等。

❁ **甘肃炳灵寺石窟大佛像**

中国北方石窟为何多与禅僧有关？

印度和新疆石窟、佛寺的一个显著特点，就是多僧房（毗诃罗窟）和禅窟。克孜尔等石窟壁画中绘有许多禅僧修法的形象。

佛教传入玉门关内后，魏晋南北朝以来，中国内地的佛教发展，形成了南统与北统之分，南朝偏重佛教哲理争辩（义理），多建佛寺；北朝偏重宗教修行（禅定），多凿石窟。因此，作为新疆以东现存最早的石窟遗存——凉州石窟，就是开凿石窟与重禅并举的突出例证。这一特点曾给北朝石窟的发展以重大影响，直接影响着北朝佛教的性质。

北朝禅法的两个主要特点，一是灭欲修心，达到厌恶人生、彻悟涅槃的目的，叫"不净观"。一是在入定时见诸佛国土，或可断诸疑虑，或可生入佛国，叫"念佛禅"。这两方面都要求修禅时灭绝一切尘世杂念，思想高度集中。这就需要选择僻静之地，例如山林静处、水边崖际。坐禅不仅要山居穴栖，还应进而凿窟以居禅。佛经中关于这方面的记载，屡见不鲜。高允《鹿苑赋》中所说"凿仙窟以居禅，辟重阶以通术"，就是这个意思。禅经中记载，修禅需先观像，中国北方石窟中的主要题材内容，无不与禅观相连。这一时期大量修造石窟，除了进行礼拜、供养等宗教仪式以修功德外，修禅也是开凿石窟的重要目的之一，凿窟人往往就是禅僧。

禅是梵语的音译，意为"思维修"、"静虑"、"弃恶"等。禅又称"空"，或合称禅定，是佛教"三学"（戒、定、慧等三种修持学业）、"六度"（六种修行方法）之一，即摒除杂念，专心致志，达到最终解脱的涅槃境界。

这种艺术美学和宗教实践结合的形象，人们"一见"即有所"感"。这种"情感"显然具有确切意指，即佛教所指的菩萨感应，它集中体现在所谓"美"的形象上面。

☸ 云冈石窟的浮雕飞天，造型古朴厚重，生动活泼。

每当我们在参观各种佛教寺院，或是在游览观造像时，就会产生一种超出了凡俗具有的功能。

开凿石窟和重禅，是北朝佛教信仰上同时存在的两个特点，北方一些著名石窟也多与禅僧有关。北凉佛教重禅定，多禅僧，从此南北习禅者多受北凉影响。例如，中国石窟中现存纪年题记最早的炳灵寺第169窟，供养人中有"大禅师昙摩毗（昙无毗）之像"，他是外国禅师在凉土"领徒立众，训以禅道"的高僧。另一个叫玄绍的和尚，后入唐述山（炳灵寺）禅蜕而逝。可见西秦时炳灵寺是禅僧修行之地。麦积山石窟是凉州大禅师玄高修行的所在，曾率"山学百余人"在那里修禅。玄高后游凉州，又到平城，为北魏太子拓跋晃教师。主持开凿云冈石窟的昙曜，也是以"禅业见称"的凉州高僧。昙曜之前的北魏沙门统（佛教领袖）师贤，来自凉州。创凿敦煌莫高窟的乐僔和法良，是东方来的两位禅僧。这种禅僧凿窟或禅僧与石窟关系密切的情况，终北朝而不衰。如北响堂山石窟，史载北齐文宣帝高洋因"于此山腹见数百圣僧行道，遂开三石室，刻诸尊像"，

❋ 山西太原天龙山天龙寺的如来佛像

南响堂和小响堂石窟都有"昭玄统定禅师"造像、供养像题记。北齐天龙山大佛为宏礼禅师开凿，宝山东魏大留圣窟为曾于少林寺学禅的道凭开凿，小南海北齐石窟为著名禅师僧稠开凿，很可能就是他的禅窟。僧稠禅法对后世影响很大，高洋曾下敕为他修建云门寺"请居之，兼石窟大寺主"，可见禅僧与石窟的关系是十分密切的。

中国佛教史上影响石窟造像的原因有哪些？

中国佛教史上，影响佛教石窟造像的原因，其结合起来有如下几方面，首先是战乱的影响，其次是政治环境对佛教本身的作用力，从而导致对佛教石窟的开凿产生影响。

佛教石窟艺术的发展在中国来说，和当时的政治、经济环境有着很大关系，越是社会稳定、政治清明，佛教石窟艺术的发展越显得绚丽多彩，成绩斐然。反之，在社会动荡、战乱频繁的时代，佛教石窟的开凿往往会陷入一个低潮。从佛教石窟开凿的历史来看，在特定的地域，即便是社会动荡，但地域性的社会稳定依然可以保障佛教石窟的顺利开凿。对中国佛教石窟的开凿，影响最大的莫过于社会的动荡和政府对于佛教政策的变革。

从历史上看，对佛教石窟造像影响最大的莫过于"三武一宗"的废佛事件。废佛活动的核心主要是诏令僧尼还俗和缩减佛寺经像两个主要部分，这两个方面必然会对石窟造像产生影响。例如，唐武帝废佛，全国共拆佛寺4600余所，还俗僧尼26万人。后周世宗废佛，废寺3336所，民间铜佛像用以铸钱。中国历史上多少佛寺造像在废佛事件中毁于一旦，是民族文化遗产的重大损失。河北曲阳修德寺、四川成都万佛寺、山西沁县南涅水和山东博兴、陕西临潼等地出土的精美铜、石造像，就是在废佛事件中佛

❀ 山东青州驼山石窟第3窟，建于隋代。

教徒有意窖藏的劫余珍宝。

作为当时上层建筑之一的佛教及其艺术，从根本上说是为统治阶级政治利益服务的。有时是限制其过分发展，但更多的还是利用。所以，四次废佛事件中，除会昌、显德两次事件后佛教势力衰竭，佛教造像中心转向南方外，都是在事件后不久又恢复佛法，佛教造像以更猛烈的势头发展起来。例如，太武帝灭佛前，北魏造像的规模还不大，文成帝即位后诏复佛法，即由昙曜主持开凿著名的云冈石窟。此后，由国家经营的大石窟，如龙门、巩县、响堂等，相继开凿。开凿这些大石窟，除宗教活动的需要、禅法的流行等原因外，还因为石窟坚固，不易毁坏。北方大石窟的背后，都寓有护国护教、传世永久之义。

北魏太武帝废佛前的十六国时期，已有数例毁灭佛教之事发生。大夏赫连勃勃（407～419）攻破长安后曾杀僧破寺。这类事件的影响，在沮渠蒙逊开凿凉州石窟一事上也反映出来。道宣《集神州三宝

❀ 四川安岳石刻卧佛，是释迦牟尼涅槃像，全长23米，头长3米，肩宽3.1米，刻于唐朝贞元年间。

感通录》卷中记载：

（沮渠蒙逊）以国城寺塔终非云固，古来帝宫终逢煨烬，若依立之，效尤斯及。又用金宝终被盗毁。乃顾眄山宇，可以终天。于州南百里，连崖绵亘，就而斫窟，安设尊像。

这就明确告诉人们，修造大石窟可以避免水火刀兵盗贼之类的毁坏。

修造石窟的同时，从北魏开始，石窟中还镌刻了不少佛经。著名的响堂石窟刻经，在《唐邕写经碑》中，也记载了"缣缃有坏，简策非久，金牒难求，皮纸易灭"刻石经的缘起。闻名中外的响堂刻经、房山石经、四川安岳卧佛院刻经等一批珍贵佛教文献得以留存至今，其原因大都与此有关。

中国大石窟为什么与历代著名高僧有不解之缘？

佛教中称佛、法、僧为"三宝"。佛，指释迦牟尼，也泛指一切佛。法，指佛教教义和经典。僧，即继承、宣传佛说的僧众。佛寺中三宝具备，既有各种佛教造像、绘画，又有聚集修行的僧众，同时又是宣讲佛法、储藏佛经的所在。著名佛寺多由高僧住持，弘扬佛法，师承宗门。佛教石窟一般是先有佛寺，后有石窟寺，古今中外，大致如此。南朝多佛寺，北朝多石窟，然而现存的一些南朝石窟（如南京栖霞山石窟、新昌剡溪大佛），当初开凿时就是后凿石窟、前接木结构殿阁的形式，佛寺与石窟巧妙地结合起来。这种形式后来影响到北方，莫高窟至今保存着宋代在石窟前面修造的木结构窟檐。云冈石窟，就是仿照佛寺建造的一种宗教建筑，就其形制、功能而言，同样是三宝具备的佛寺。大石窟，又往往是一个国家、一个地区的佛教中心，许多高僧住持其中，就是理所当然的了。

❀ 河南安阳灵泉寺宝山上的一座浅石窟

❋ 宁夏固原须弥山石窟大佛像

窟在辽、金时曾在十处主要石窟前接建木结构窟檐，形成辽代十寺。这都是石窟即佛寺的例证。

倾北魏举国财力修建的云冈石窟，不但是北魏境内最大的佛教工程，而且是北魏都平城时期最重要的佛教胜地。北魏皇帝多次巡幸石窟佛寺。据道宣《续高僧传·昙曜传》记载：

建成佛寺，名曰灵岩，龛之大者，举高二十余丈，可受三千余人……东头僧寺，恒供千人。

灵岩寺即云冈石窟总称，而东头僧寺，很可能就是现存云冈第3窟。偌大的云冈石窟，可容纳僧人数千人，可以想见当时佛事之盛。不仅如此，云冈还是当时的译经中心。昙曜在此与天竺、西域沙门常那邪舍、吉迦夜等人，曾译出《付法藏传》、《杂宝藏经》等佛经多部。

敦煌莫高窟，同样也是高僧云集的佛教胜地。我们从关于莫高窟历代名僧、佛寺的记载，特别是总数万卷的石室写经上，不难知道莫高窟在中国佛教史上的地位。

中国大石窟为什么多由历代帝王倡导兴建？

这结艺价疑是至高无上的。佛教在中国的发展，佛教信徒们崇拜而进行观赏……

中国漫长的封建社会历史中，帝王的权威无疑是至高无上的。佛教在中国的发展，佛教

石窟在中国的兴盛，与历代帝王的支持也是分不开的。当我们参观各种佛教寺院，或是在游览观超出了造像作

敦煌莫高窟第 65 窟壁画各国王子图，描述了佛祖涅槃时佛教诸弟子痛不欲生的情景。

翻开一部中国宗教史，世界上三大宗教（佛教、伊斯兰教、基督教），都在中国占有一席之地；佛教、道教和儒家学说更居于优势地位。中世纪是宗教弥漫的世界。但是，和外国的情形不同，中国的宗教始终未曾以绝对权威支配国家的政治生活，形成"国教"。相反，教权服从于世俗权力，或者说教权与国家权力密切结合，这是中国宗教史的特点。

南北朝时期，南北方的佛教状况不尽相同。在南朝，是"沙门不拜王者"。按照佛教教义，一个人出了家，皈依佛门，就只敬事三宝而不敬父母君王，姓氏（有法号和俗姓之分，有些僧人姓释）和年龄（有实际年龄和出家年龄

之分，后者称法腊）也有僧俗之别。而北朝的佛教，却具有强烈的国家政治色彩，即佛教更紧密地依附于国家权力，为国兴福，为帝王祈福，乃首要之义。例如，云冈石窟开凿于大同城西武州山麓，武州山自魏明元帝开始，早就是为国祈福的神山，云冈石窟选择在这里开凿，别有深意。明元帝以沙门法果为道人统，令"沙门敷导民俗"。就是这个法果，以北魏最高佛教首领的身份，率先带头礼拜皇帝。他有一句名言：

法果每言：太祖明睿好道，即是当今如来，沙门宜应尽礼，遂常

致拜。谓人曰：能鸿道者人主也。我非拜天子，乃是礼佛耳。(《魏书·释老志》)

把当今皇帝作为当今如来致拜，是因为皇帝不仅好道而且"能鸿道"，有利于佛教的兴旺发达。有这种理论还要付诸实践，中国历史上第一位废佛的太武帝死后，文成帝即位元年(452)就诏令"有司为石像，令如帝身。既成，颜上足下，各有黑石，冥同帝体上下黑子"。

云冈13窟交脚弥勒菩萨像，脚上嵌有黑石。兴光元年(454)，又敕有司于五级大寺内，为太祖以下五帝(道武、明元、太武、景穆、文成帝)，铸释迦立像五，各长一丈六尺，都用赤金二十万斤。文成帝以北魏帝王形象为蓝本雕造佛像，正是皇帝即当今如来思想的产物。而和平初年(460)开凿云冈昙曜五窟，为太祖以下五帝各开窟一所，雕造佛像各一，当为前不久五级大寺铸像事件的一次重复。

此风一开，愈演愈烈。北方大石窟的开凿，多与帝王、帝室有关。龙门宾阳三洞，是宣武帝景明初年(500)为高祖、文昭皇太后各开窟一所，后又为世宗开窟一所。号称"正教东流七百余载，佛龛功德唯此为最"的龙门奉先寺卢舍那佛龛，为唐高宗及武后开凿。该窟开凿前后，正值武则天被封为皇后并加紧为建立武周政治制造舆论之时。一代雕刻精华的沉浮，就这样与政治风云的变幻紧密联系在一起。

从西魏文帝为文皇后乙弗氏"凿麦积为龛而葬"(现为麦积山第43窟)开始，北方大石窟还具有凿窟为陵墓的功用。北齐响堂山石窟，即曾凿穴以纳高洋(一说高欢)灵柩。此习一直沿袭到唐代龙门石窟。这样，一些著名的大石窟由帝王倡导兴建，就不难理解了。

❀ 龙门石窟奉先寺卢舍那大佛，像高17.14米，头高4米，耳长1.90米，是中国唐代佛教雕刻艺术的代表作。

印度的佛教艺术风格是如何在云冈昙曜五窟中表现的?

云冈石窟的开凿开始于北魏文成帝和平元年(460),是中国中原北方地区开凿最早的石窟。其中著名的昙曜五窟(云冈第16~20窟),由沙门统昙曜主持开凿。

由于当时佛教艺术传入中原地区时间不长,开凿昙曜五窟的基本力量又是来自西部凉州的工匠,所以在这一时期的洞窟中保留了很多印度佛教艺术的风格。昙曜五窟的平面是马蹄形,窟顶是穹窿形,主像占据了窟内大部分面积,整个结构很像印度仅容一人修行的草庐式洞窟。佛像外穿袒右肩袈裟或通肩袈裟,通肩袈裟在印度犍陀罗艺术中很常见,袒右肩袈裟出现在秣菟罗艺术中。衣纹有的粗疏凸起,如第20窟大佛,同犍陀罗艺术仿毛质厚衣料的衣纹相似;有的细密贴体,如第19窟西侧立佛,明显受到秣菟罗艺术影响。菩萨上身袒露,胸前戴项圈和璎珞,下身穿羊肠大裙,很像印度贵族、富人的装扮。佛的面相方圆,细眉长目,眼窝深陷,鼻高直,鼻翼舒长,嘴唇略厚,嘴角现出一丝笑意。两肩齐亭,胸部厚实。佛的形象一看便知是深受印度佛教艺术影响,但同时也表现了中国人对佛形象的理解。比如第20窟大佛,其面相是以秣菟罗艺术的佛像为底本的,但印度佛像的眼睛微闭,做思考状,20窟大佛双眼睁开,目光炯炯有神。

云冈石窟20窟释迦牟尼佛坐像,因其所在窟壁坍塌,遂成为独特的露天大佛。像高13.7米,造型宏伟,是云冈石窟的代表作。

※ 云冈石窟 18 窟东壁上的小佛

昙曜五窟之后的云冈洞窟，逐渐走向了风格本地化。洞窟平面变为方形，有前、后室，服装衣纹简化，并出现了汉式服装的佛像等。但有些特征得到保留，如深目高鼻的佛面相，着裙的菩萨服装，一直延续了很长时间。

什么是石窟艺术的"平城模式"？

平城（今山西大同）是北魏孝文帝迁都洛阳之前的都城，著名的云冈石窟就在这里。云冈石窟所创造和发展的石窟开凿模式，即"平城模式"前使宗教信仰得到心灵的美的形象所指给的确切意义，佛教义指给我们的象征的情感结合，这种佛教优美的所指给的形象超出了单纯的宗教或是单纯的艺术造像作为一种宗教艺术，同样具有感，每当我们在参观各种佛教寺院，或是名游戏。

云冈石窟是新疆以东最早出现的石窟群，又是当时统治中国北部的北魏皇室、显贵集中各地技艺和人力、物力兴造的，所以它所创造和不断发展的各种新样式，很自然地成为当时中国北部兴凿石窟所参考的典型，成为了石窟开凿的一种模式，即"平城模式"。这种模式影响了东自辽宁义县万佛堂石窟、西到陕、甘、宁北方各寺的北魏石窟，甚至河西走廊西端的敦煌石窟亦不例外。云冈石窟影响范围之广和影响延续时间之长，都是任何其他石窟无法比拟的。

云冈石窟北魏时期的洞窟，由于当时社会政治、文化等因素的变化，呈示出阶段性的发展，"平城模式"也随之而变化。一般把云冈石窟的发展分为三个阶段。

第一阶段包括第16～20窟，即北魏文成帝和平初年（460）开凿的"昙曜五窟"。这一阶段洞窟形制都是椭圆形平面、穹窿顶的仿印度草庐形式。窟内造像主要是三世佛和千佛。主像形体高大，占据窟内大部分面积。造像形象雄伟、刚健，面相方圆，深目高鼻，颈短，肩宽胸厚。衣纹处理一种如第20窟主像的仿毛质厚衣料而凸起的式样，可以看出印度犍陀罗风格的影响；一种如第19窟主佛的轻薄袈裟细衣纹，显现出秣菟罗艺术的一些特点。佛像的服装有右袒式和通肩式两种。菩萨斜披络腋，头戴高宝冠，胸前装饰项圈、短璎珞。

云冈第一阶段的造像气势宏大，表现了鲜卑这一北方新兴民族的内在精神。在艺术处理上，虽然保留了许多旧有风格，但也创造了更多新的意境，使石窟造像这一形式更加完善。

第二阶段的时间是文成帝之后至孝文帝迁都洛阳以前。主要洞窟有第7、8窟，第9、10窟，第5、6窟，第1、2窟和第11～13窟五组。这一阶段洞窟形制平面多作方形，窟内有前后室之分，有的窟在中央立塔柱。窟内壁面雕刻不像第一阶段只有千佛，而是上下重层，左右分段开龛造像，窟顶雕出平綦棋。造像中大型佛像减少了，造型也不如过去雄伟，但是造像的题材增多了，还出现了世俗供养人行列。造像的面相由丰满趋于长圆，躯体健壮适中。衣纹的处理演变为断面阶梯式，太和十三年前后，佛装改变了过去的样式，出现褒衣博带式服装。菩萨头戴花蔓冠，着交叉帔帛。

这一阶段出现的中国传统形式的建筑和壁面布局，以及佛像褒衣博带式服装，是和孝文帝太和初年开始的汉化改革相适应的。外来的佛教石窟艺术，在北中国就是在这个时期较显著地开始了中国化，这对北方其他石窟的影响非常大。

第三阶段从孝文帝迁都洛阳后至正光末年（494～524）。这一阶段多为中小型洞窟，布局多样的小龛遍布云冈各处。洞窟内部日益方整，流行的窟式有塔洞、千佛洞、三壁三龛式和三壁重龛式。佛的面相清瘦，长颈，削肩，整个躯体修长、秀美。佛全部穿褒衣博带式服装，衣服的下摆褶纹越来越重叠。菩萨也日趋消瘦，较晚出现帔帛交叉处穿璧。

这一阶段皇室虽然迁到了洛阳，但平城作为北都，云冈继续是佛教重地，加之洛阳开凿大型洞窟不多，很多工艺师留在了云冈，继续发展过去的传统，并创造了一些新的样式和题材，其影响之广泛连龙门也不得例外。

❀ 云冈石窟佛坐像

北魏孝文帝汉化改革给云冈、龙门石窟带来哪些新风格？

北魏孝文帝为了加强对中原地区的统治，消除鲜卑族和汉族间的隔阂，实行了一系列的汉化政策，孝文帝的汉化改革在石窟造像中也有反映。

❀ 云冈石窟第 5 窟前室东侧佛像。佛像表情温和恬静，汉化色彩颇浓。

北魏太和十年（486），孝文帝"始服衮冕，朝向万国"，开始了服制的改革，他并亲自为群臣赐汉服，穿戴汉族服装开始流行。云冈石窟地处当时的国都，于太和十年以后为佛像也着上了汉服（着汉服的佛像，有明确纪年的最早实例是太和十三年）。这种服装本是南朝士大夫的常服，因衣大带宽，所以称为褒衣博带式服装。开始时，只有部分佛像穿新式服装，可是到太和十八年迁都洛阳之前，石窟中的佛像服装都雕成了褒衣博带式。龙门石窟的佛像，在孝文帝迁洛前后，仍然保留着旧样式。这是因为当时洛阳地区社会动荡，接受新的艺术风格能力不强。太和十八年

孝文帝迁都后，再"革衣服之制"，随后龙门石窟的佛像服装也改为了褒衣博带式。

随着汉化改革的实行，石窟中的一些表现形式也发生了变化。云冈洞窟的壁面佛龛，布置为上下重层、左右分段的形式，这是汉族地区汉魏以来的绘画布局形式。早期的佛像都是席地而坐，后来受南朝

坐床习俗的影响，佛像身下安置了高宝座。石窟建筑中出现仿汉人建筑的形式和装饰。

迁都洛阳之后，北魏贵族对南朝艺术更加熟悉，南朝流行的"秀骨清像"的形象在龙门石窟出现，首先是清秀的供养人，而后又出现了清瘦的佛像。

❀ 云冈石窟第6窟后室中心塔柱上层所供的主佛，造像庄严，面容丰瘦适中，褒衣博带，开启了石窟中国化的风格。

北魏时期敦煌莫高窟是何样子？

敦煌石窟现存最早的洞窟属于北凉政权统治敦煌时期（420～442）。敦煌北魏时期的洞窟开始于北魏中期，这一时期洞窟形制以中心塔柱窟为主。

敦煌石窟现存最早的洞窟属于北凉政权统治敦煌时期（420～442）。这一时期只开了三个窟，即第268、272、275窟。三个窟的主尊塑像都是单身像，胁侍菩萨是画在塑像两侧的。两个侧壁的壁画分上下段绘不同的内容，主要是佛传和本生故事，另外还有天宫伎乐和供养人等。

这一时期的风格可以看出受西域影响很大，尤其以龟兹风格为主。特点是人物面相浑圆，宽额大眼，直鼻薄唇，肢体粗壮，姿态端庄，表情沉稳恬静；人物的衣冠服饰有西域式、印度式、波斯式；壁画中人物面部、肌肤的晕染使用了传自印度的"凹凸法"，即以朱色层层叠染，再用白粉画鼻梁、眼睛和眉棱，以示面部的隆起，用圆形晕染表示肌体的立体感。

与此同时，也看出汉文化对此时期的影响。受儒家思想的影响，敦煌没有出现克孜尔石窟流行的丰臀大乳的裸体舞女和菩萨；壁画的布局参考了汉地壁画分段设计的形式。

敦煌北魏时期的洞窟开始于北魏中期。这一时期洞窟形制以

❀ 敦煌莫高窟第248窟的壁画飞天，北魏时期作品。飞天是敦煌莫高窟不可或缺的组成部分，是敦煌艺术的独特标志。

中心塔柱窟为主。平面作长方形，窟室后部中央凿连通窟顶与地面的方形塔柱，柱身四面开龛造像，正面为一大龛，其余三面都是上下两层龛，柱身上部还贴影塑（以模型塑出粘在壁面上的，类似浮雕）。窟室前部为人字形的窟顶，上面浮塑了仿木结构的枋、檐和椽子。

这时期的塑像不再是单身像，出现了组像，即在主尊像两旁另塑左右胁侍菩萨。主尊塑像以倚坐释迦像为主，壁画内容仍以佛传和本生故事画为主，新增加了外道皈依、守戒自杀等因缘故事画，有的壁画还画出了西方三圣。壁画构图上新出现了情节连续排列的横卷连环画形式，每个画面还附有榜题，说明壁画内容。

人物的形象为长圆形脸，平眉，秀眼。人体比例逐渐修长，姿态大方，神情恬静。人物服饰多数仍着西域装，但也出现了戴胡帽穿汉装的形象。

西域式和汉地中原式的风格在洞窟中混杂表现，如天宫伎乐所处的西方圆拱门中，出现了中原宫殿式门楼。这种情况说明从西域传来的石窟形式已越来越多地掺入了中原文化的因素。

北魏晚期的洞窟仍然以中心塔

敦煌莫高窟第257窟菩萨半跏像，北魏时期作品。塑像具有明显的印度风格，尤其是菩萨四周的飞天壁画及装饰图案。

柱窟为主，很多方面沿袭着旧有的风格。但是中原文化的影响日益明显，在服装、体态和染色手法等方面出现了新的形式。塑像造型变得扁平单薄，肢体修长，面相方瘦清秀。人物身穿中原褒衣博带式服装，面部的晕染也开始使用汉式染色块的手法。

这个时期新风格的出现，与北魏孝文帝汉化改革有关系。北魏孝文帝改革以后，云冈、龙门的造像已出现新形式，后又由东向西传播，先到天水麦积山，然后到永靖炳灵寺，继而传到敦煌，并由敦煌使这种风格传至西域地区。

中国石窟中最早的年代题记出现在哪里?

中国石窟最早的年代题记保存在甘肃永靖县炳灵寺。1963年第169窟北壁第6龛发现的西秦"建弘元年（420）岁在玄枵三月廿四日造"的墨书题记，是现知国内最早的石窟纪年。

中国早期石窟，大多没有明确的时间记载，判定其时代，只能依靠观察其风格和特点，并与同时代确定的作品进行比较。最可靠的比较标准当然是附有建造当时年代题记的作品。

炳灵寺石窟在明代以后逐渐湮没，1951年被重新发现。炳灵寺石窟第169窟为利用不规则天然岩洞开凿而成。窟内除西秦遗存外，还有个别北魏和隋代的作品。有题记的第6龛内塑一坐佛和二立菩萨，墨书题名为无量寿佛、观世音菩萨和大势至菩萨。龛内周壁绘出了释迦牟尼佛、药师佛、弥勒菩萨和十方诸佛，像旁亦有榜题。窟中壁画题材还有说法图、释迦多宝二佛并坐、维摩诘以及供养人等。上述塑像和壁画形象，多为国内同类题材

❀ 甘肃炳灵寺石窟第169窟佛像，是西秦时代最早纪年的佛像。此无量寿佛结跏趺坐，形体粗壮，衣饰简练，脸型尚有西域人的特征。

甘肃炳灵寺姐妹峰景致，举世闻名的炳灵寺石窟就坐落在这千仞的石峰上。

出现的最早实例。

第169窟西秦塑像的特点是，佛面相方圆，细眉大目，直鼻厚唇，体态粗壮，两肩齐挺，衣纹轻薄贴体；菩萨头不戴冠，面露笑容，安详端庄。窟内壁画，造型朴拙，线描有力。画面以土红为底色，设色以土红、青绿、黄色为主，色调质朴豪放。在画法上，吸收了龟兹壁画表现明暗效果的凹凸法。

继西秦开窟后，北魏、北周、隋、唐各代续有建造。

北魏时期的窟龛有33处，多开凿于北魏中晚期。窟内设低坛，在坛上塑造佛和菩萨像。造像题材有释迦多宝二佛并坐、弥勒、七佛、千佛和涅槃像等，造型面相清瘦，形体修长。北周时期开窟2个，造像题材为三世佛，风格平实，造像面相方圆，身体粗壮。

唐代窟龛现存134处，占炳灵寺石窟窟龛总数的三分之二以上，其中多是摩崖小龛，洞窟数量不多。唐代造像多为石雕，外敷泥施彩绘。主要造像有阿弥陀佛、药师佛、弥勒佛和观音菩萨等。初唐造像人物身材较长，盛唐体态丰满，中晚唐时期则人物体形过于丰腴而近臃肿。

为何麦积山石窟被称为「塑像馆」？

麦积山石窟位于甘肃省天水市东南45千米的麦积山,现存窟龛194个,保存泥塑造像七千多身,是中国泥塑造像最多的石窟,故有「塑像馆」之称。

这种结合感能使宗教信仰者得到心灵和美的享受,在所看到的画像中,不论如菩萨、佛、飞天的形象,确切地说,每当我们在参观各种佛教寺院,或是在游览各地的石窟造像艺术时,佛教造像作为一种宗教艺术,同样具有超出了单纯的宗教或是单纯的艺术功能。

甘肃麦积山石窟第5窟踏牛天王,初唐泥塑作品。此天王怒目圆睁,威严中带有一丝斯文。

麦积山石窟的创建年代,一般认为在公元5世纪。这一时期的佛像面相雄健,直鼻大眼,嘴小唇薄,躯体粗壮坚实。菩萨高冠,披发,袒裸上身,下着长裙,体态浑厚。造像题材主要是三世佛、交脚弥勒菩萨和思维菩萨。

北魏时期开凿的洞窟数量最多,可以分为前后两期。前期洞窟仍以三世佛造像为主。后期洞窟数量大增,造像题材除三世佛外,出现了一佛二菩萨二弟子或再加二力士的五尊或七尊新的组合形式,此外还出现七佛、立佛、十大弟子和供养人像。造像形体修长,面容清秀。一些洞窟中还保存了壁画,有大型本生故事画和经变画。第127窟的西方净土变,场面宏伟,是国内石窟已知年代最早的大幅净土变。

西魏时期,开窟造像的势头不衰。文帝文皇后失宠后,在麦积山出家为尼,死后凿崖为窟而葬。这一时期,模仿木结构建筑形式的崖阁式窟进一步发展,窟外雕出八角形列柱和屋脊瓦垅,列柱内为前廊,廊后部凿窟龛。造像题材除三世佛外,还有文殊、维摩对坐,分置于两侧壁。塑像组合中出现了童男童女像,立于佛两侧。造像人物的面相已由清瘦渐趋丰圆。

北周时期,开凿了较多的洞窟,并有一些规模宏伟的大窟。大窟多为崖阁式窟,其规模之大为前代所未见,第4窟(上七佛阁)堪称代表。此窟为秦州大都督李允信为亡父营造,距地表约50米。窟前凿八柱七间的殿堂式崖阁,列柱内为前廊,廊后部凿出七座方形大窟。窟内造像以七佛为主,佛旁立弟子、菩萨像。造像人物方圆丰满,体态健壮。佛像短颈宽肩,腹部略凸。壁画采用绘、塑结合的手法,增加了形象的立体感。

隋代在麦积山继续开凿。洞窟主尊多为释迦牟尼佛或阿弥陀佛。造像形体和装饰更趋写实。唐代以后,麦积山山体南侧大面积崩毁,几乎无处开凿新洞窟。现存的唐、宋、明代造像,多是在前代窟内重塑、补塑或改塑的。

● **甘肃麦积山44窟正壁佛像**
西魏时代作品,佛像衣饰下摆褶纹线条已趋繁复,由此可看出佛像造型渐趋中土化的迹象。

为什么说响堂山石窟具有承前启后的影响?

响堂山石窟位于河北省邯郸市峰峰矿区鼓山,这种艺术与宗教相结合的感,这包括南响堂、北响堂和小响堂(水浴寺)3处。

南响堂现存7窟,北响堂存8窟,小响堂存3处。超出了造像作为一种宗教艺术同样的功能,每当我们在参观各种佛教寺院,或是在游览观……

响堂山在北齐时期是由都城邺(今临漳)至晋阳的必经之地,北齐皇室和显贵在此大兴佛事,开窟造像。响堂山现存主要形象都是北齐时期开凿的,因其规模大、数量多,所以是中国北齐石窟的代表作。这一时期承启北魏和隋唐两大造像高峰,响堂山石窟充分表现了两大高峰之间的过渡。

响堂山石窟的窟形有中心塔柱式和三壁三龛式两种。

中心塔柱窟,多在窟前凿出带有檐柱的前廊,并雕出仿砖石结构的檐瓦、檩、椽、枋和斗等。

这种形式是继承了云冈北魏时期的风格,云冈第9、10窟,第11、12和第13窟之前均列楹柱,并雕仿木结构的窟檐。响堂山石窟窟内的中心柱,正面及两侧面三面开龛造像,柱后凿隧道式礼拜道。这种形式是从巩县四面开龛的中心柱窟演变而成的。窟前有前廊的形式在隋代以后逐渐被窟前建木结构建筑代替,中心塔柱窟在隋以后中原地区也不常见了。

三壁三龛式窟,是云冈

❀ 河北邯郸北响堂山石窟南窟内景

晚期形式的继续，不过更加规整了。窟内沿三壁设宝坛，坛上有宝座，在座上雕刻佛像。这种设宝坛的形式在隋唐时期被沿用。

响堂山石窟的北齐造像，已不像北魏晚期那样清瘦俊秀、威严庄重，而变为丰圆饱满、神情温和。形象大多健壮丰满，胸部隆起，两肩宽大，整体造型是上大下小的管状形，略有厚重之感。衣纹的处理变重叠繁缛为简洁流畅，感觉舒展自然。

响堂山石窟雕像的特点，正是由早期造型对线的强调，发展为对物体自然形态的立体描述。但由于此种风气始开，所以显得很不成熟。到了唐代，在完善北齐风格的基础上，更加表现了人体的曲线美，形体生动自然，

❀ 河北邯郸北响堂山石窟寺石雕像

达到了中国佛教艺术的一个高潮。

响堂山石窟上承北魏优秀的传统，又在风格上不断创新，开隋唐风格之先河，在中国石窟艺术发展史上占据了很重要的位置。

南京栖霞山石窟、剡县大佛与名僧僧祐有什么关系？

僧祐是南朝名僧，生于建康（今南京），14岁时出家。他一生致力于佛教经典的搜集整理，所撰《出三藏记集》对佛经的翻译、流传和真伪详加考证，是现存最早的佛典目录。

僧祐也是南朝著名的佛教建筑和雕塑设计家。据《高僧传》记载："祐为性巧思，能自准心计及匠人依标，尺寸无爽。故光宅、摄山大像、剡县石佛等，并请祐经始，准画仪则。"这几处佛像的铸造、雕凿，都是长期筹划的，但动工以后遇到困难，由僧祐主持，经过改凿才得以完成的。

光宅寺的无量寿佛是"丈八金像"，但先前铸造四次都不成功，在僧祐的监造下才完成了，被誉为当时金铜佛像之最。可惜此像没有留存到今日。

摄山大佛在今南京栖霞寺。齐永明二年（484），明仲璋与法度禅师在摄山西峰石壁上主持开凿了无量寿佛和二菩萨像，佛身连座高四丈，二尊菩萨高三丈多。大佛在近代被涂了水泥，已失原来面目。

在大佛附近南朝时还开了一些石窟，很多王室成员在此处雕造佛像。这是长江流域保存

❂ 江苏南京栖霞山千佛岩石窟内的石雕佛像

❀ 江苏南京栖霞山千佛岩

至今的少量南朝石窟之一。

剡县石佛在今浙江新昌县宝相寺。此处石佛也是前人雕凿未获成功，所以天监六年（507）"敕遣僧祐律师专任象事。……初僧护所创凿龛过浅，乃铲入五丈。更施顶髻及身相。……象以天监十二年春就功。至十五年春竟。坐躯高五丈，立形十丈，龛前架三层台。又造门阁殿堂"。可以看出，僧祐不仅负责佛像的设计，同时主持了殿堂的建筑施工。

大佛像的规模有记载说，佛身高十丈，佛座五丈六尺，佛面长一丈八尺，眼长六尺三寸，眉长七尺五寸，耳长一丈二尺，鼻长五尺三寸，口宽六尺二寸，手长一丈二尺五寸，宽六尺五寸，佛足同手大。佛像壮丽堂皇，比例匀称。今天见到的大佛虽经后世改修，但其气势仍依稀可见。

隋唐时期的敦煌莫高窟为何被称为盛期？

随着隋代全国统一和唐代经济国力的强大，敦煌在此时期开凿了大量的洞窟，现存300多个，占敦煌洞窟总数60%以上。

隋唐时期典型的洞窟形制是方形平面的覆斗顶窟，窟内空间开阔宽敞，改变了早期中心塔柱窟狭窄、神秘的布局。塑像放置在壁面上开凿的大龛内，唐后期在窟中央设置方形坛，把塑像放在坛上。

隋代塑像的组合主要为一佛、二弟子、二菩萨或四菩萨。人物面型丰圆，形体粗壮，显得头大、上身长、下肢短。这种风格摆脱了北朝时期清瘦的造型，向唐代雍容华丽的风格发展，但是还不够成熟。

唐代塑像的组合多是一佛、二弟子、二菩萨、二天王或加二力士，另外还有七佛像、供养菩萨像等。唐代的塑像圆满洗练、雍容瑰丽，隋代开创的风格趋于成熟和完美，达到了敦煌艺术的黄金时代。这时期风格更明显地走向世俗化，表现了当时雄健豪放的时代精神。

初唐形象丰满而生动，身体曲线流畅，富于节奏的变化。例如第204窟的菩萨，头戴宝冠，胸垂璎珞，手足戴环钏，衣裙绘彩画，仪态温和秀丽。第322窟的天王像，身着武士装，盔甲严整，面相威武，充满青春活力。

盛唐的塑像更是无比精美，还塑造了第96窟高33米的"北大像"和第130窟高26米的"南大像"，第148窟主尊涅槃像的背后站立了七十二个弟子，是敦煌最大的一组彩塑群像。第45窟的菩萨微笑沉思，体态秀美，上身赤裸，呈现出丰腴的肢体，轻薄的长裙贴在身上，显出微微动态。无论是柔美的表情，还是端丽的姿态，都体现了婀娜温柔的女性特点。同窟的天王却显得刚健、勇猛，表现了男性坚毅的性格。

唐代晚期的塑像仍保留着菩萨的丰腴和天王的勇猛，但显得有些程式化，缺乏内在的活力。佛和菩萨的表情不像盛唐那样充满智慧和尊严，略显平静、淡漠。

隋唐时期敦煌壁画与北朝有很

大不同。在内容上表现赞美充满悲苦绝望、自我牺牲的很少,主要是追求佛国世界的欢乐与美好,这表现在经变画占了主要位置。这是唐代社会经济繁荣,社会安定,人民追求新生活的表现。另外新出现的还有佛教感应故事画、瑞像图和历史人物画等。

隋代的经变画有西方净土变、东方药师变、维摩诘经变和法华经变等,一般画面较小,内容表现也比较简单。人物造型方正圆润,肩部丰腴而微削,结合微扭的腰部,菩萨、弟子都显得风姿挺然,在端庄的形象中出现了轻微的动态。这一时期壁画的色调还保留了早期沉静的灰黑色调。

唐代前期壁画内容丰满,艺术手法新颖。这个时期增加了观无量寿经变、弥勒经变等内容。壁画规模很大,有的占据了窟内整整一个壁面。画面布局紧凑,色调变得丰富华丽,给人一种金碧辉煌的印象。比如第320窟的"观无量寿经变",构图简洁明快,人物精美,庭园幽雅,莲花出于宝池,歌舞列于台榭;佛和菩萨仪态庄重、秀丽,轻纱薄罗,恬静安逸,仿佛进入了美妙的世外桃源。

唐代后期壁画内容大增,新出现了金刚经变、金光明经变、华严经变、思益梵天请问经变、密严经变、报父母恩重经变等,而且多种经变画绘于一窟。这是唐代佛教宗派兴盛的表现。唐后期还增加了如意轮观音、千手千眼观音、不空羂索观音等密宗题材的壁画。这个时期的壁画绘画手法更加写真,风格细腻,画面明快,色彩灿烂。

在唐代壁画中有很多表现了当时世俗的生活场面。如第156窟的"张议潮出行图"和"宋国夫人出行图"。

❁ 敦煌莫高窟45窟内的菩萨彩塑,盛唐时期作品,具有典型的唐代佛教造像风格。

龙门奉先寺和武则天有何关系?

奉先寺大像是龙门石窟群中规模最大的造像。大像始凿于唐高宗时期,武则天时期完成。大像完成以后,在像前修建了一座规模很大的寺院,即奉先寺。

奉先寺大像原属奉先寺一部分,名大像龛。后来木结构的奉先寺被毁无存了,大像龛就被习惯称为了奉先寺。

奉先寺大像的开凿同武则天有着密切的关系。武则天为了夺取李唐政权,利用佛教为她进行舆论宣传,曾为大像的开凿"助脂粉钱二万贯",并主持工程落成的"开光"仪式。

卢舍那佛是释迦牟尼的报身佛,意思是光明普照,而且是华严宗(因阐扬《华严经》而得名)的教主。武则天曾亲自参与《华严经》的翻译,并为译本作序,在序中一再重复她做皇帝是符合佛经的预言的。

奉先寺的卢舍那佛坐像,高度是17.14米,头部高4米。面部表情慈祥而恬静,眉清目秀,眼光中流露出智慧的光芒;嘴角微翘,显出微微笑容;头部稍低,好像在关心注视着礼拜者,使人觉得可敬可亲,同时大像宏大的气魄,令人又觉得敬畏。这种形象正是武则天夺取政权时所需要的。

卢舍那佛两旁还雕造了两个弟子、两个菩萨、两个天王和两个金刚。这些形象各高10余米,弟子和菩萨安详虔诚,天王神态严肃,金刚气势凶猛。通过这些形象的衬托,主尊佛像显得更加庄严雄伟,令人顿生敬意。

❁ 龙门窟奉先寺北侧的天王像

武则天还指使僧人伪造佛经，并宣称"则天是弥勒下生，作阎浮提主，唐氏合微，故则天革命称周"。龙门在武则天称帝以前就有僧人在惠简洞为她造弥勒像，到她当政时又造了双窟南洞和摩崖三佛龛的弥勒像。武则天帝号为"慈氏越古金轮圣神皇帝"，慈氏就是弥勒，说明她以弥勒自居，这些造像正是为她的统治服务的。

❀ 龙门窟奉先寺北侧的力士造像

石窟造像题材和佛教宗派有什么关系？

佛教发展到隋唐时期，由于对教义不同的理解和寺院经济的发达，产生了不同的佛教宗派，不同的宗派按各自的思想安排窟中的形象，并且随其兴衰，窟中形象相应有所变化。

佛教宗派主要有天台宗、净土宗、唯识宗、华严宗、密宗、禅宗和三阶教等。

天台宗是隋代智𫖮创立的，《法华经》是该宗主要的教义根据。中国早期北朝石窟中的许多造像题材，与《法华经》在当时的流行有关。敦煌隋代洞窟中开始出现"法华经变"壁画，到了唐代"法华经变"壁画大增，其中以盛唐时期最多，而且很多窟内整整占一壁面，画面更加完整，表现更为丰富。五代时期"法华经变"壁画数量减少。

净土信仰在中国流传很早，在石窟中也早有表现。如云冈北魏晚期洞窟中出现了"愿托生西方妙乐国土"的铭记，麦积山第127窟在北魏晚期画了"西方净土变"壁画。但是净土题材在石窟中大规模的表现，还是在净土宗创立之后。

净土宗是隋唐之际创立的，主要经典为《阿弥陀经》和《观无量寿经》等。敦煌隋代洞窟中出现了"阿弥陀经变"壁画，到了初唐数量急增，规模扩大。盛唐时期，"观无量寿经变"壁画超过了"阿弥陀经变"的数量。西方净土这种题材

❁ 龙门石窟卢舍那大佛像左侧阿难弟子像

重庆大足宝顶山大佛湾第17号大方便佛报恩经变相（南宋），像高710厘米，宽1470厘米，描述释迦牟尼佛于过去世身为王子时为父抬棺的孝行故事。

在敦煌一直到五代和西夏还有比较多的表现。

华严宗因其以《华严经》为主要经典而得名，唐代法藏创立。华严宗的教主为卢舍那佛，这个大像是龙门唐代造像中最大的，而且是皇室所凿，足见华严宗在当时之势力。敦煌在盛唐开始出现"华严经变"壁画，中、晚唐为其高潮，五代和宋也有绘制。

密宗是唐玄宗时期创立的。龙门东山擂鼓台北洞出现了唐代晚期的密宗主尊大日如来像，还有四臂、八臂观音、千手千眼观音等密宗造像。敦煌初唐以后出现十一面观世音、不空羂索观世音等像，中唐时期开始出现"密严经变"、"如意轮观音变"等密宗题材的壁画，五代、宋、西夏时期这些题材继续沿用。大足石窟五代、元和两宋造像以密宗像为主。元代受喇嘛教影响，杭州飞来峰元代石窟造像多为密宗题材。

禅宗是唐代创立的，所奉经典主要是《金刚经》和《楞伽经》等。在龙门的擂鼓台中洞武周时期雕了25尊罗汉像，看经寺有29尊罗汉像，这些罗汉雕像是为了表现禅宗师承关系的。敦煌从中唐开始按禅宗的经典绘制了"金刚经变"、"楞伽经变"和"思益梵天问经变"等壁画，有些题材到五代和宋仍比较常见。

剑川石窟有哪些南诏、大理国的特点?

云南大理白族自治州的剑川石窟,是一处以白族等少数民族为主体的石窟,现存十六窟,不仅是作为佛教艺术品而进行观赏,这种艺术与宗教相结合的观感,每每当我们应包括佛教信徒们崇拜造像作为佛教艺术品而进行观赏,这种艺术与宗教相结合的观感,超出了造像对研究南诏、大理的佛教艺术、社会历史和民族关系等,具有重要价值。

剑川石窟的题记年代,有天启十一年(南诏王丰祐年号,841年)、盛德四年(大理王段智兴年号,1179年)等,相当于晚唐至南宋时期。

剑川石窟十六个窟中,有十三窟雕刻佛教造像,其数量之多和艺术水平之高,反映了南诏大理国佛教盛行的情况。关于佛教何时传入南诏,有两种说法。李京《云南志略》中说:"开元二年(714),遣其相张建成入朝。玄宗厚礼之,赐浮屠像,云南始有佛书。"这是中原传入说。《剑川县志稿》则记载:"赞陀崛多尊者,唐蒙氏(南诏最高统治者蒙氏王族)时自西域摩伽国(印度)来,经剑川,遗教民间。这是印

❋ 云南剑川石钟山石窟第1窟造像

石钟山石窟不仅有精彩的佛教造像,历史上功绩卓著的三位南诏王也列位其间,图中居中者即是开创南诏盛世的异牟寻。

度传入说。可以肯定的是，当时流行密宗"阿吒力教"，盛行观音崇拜。造像题材内容，佛像有毗卢佛、多宝佛、弥勒佛、阿弥陀佛，还有维摩、文殊变和华严三圣等。菩萨像有地藏、甘露观音、化身观音、立观音等。此外，四天王像，特别是北方毗沙门天王像和八大明王像，也反映了南诏大理佛教密宗流行的特点。

剑川石窟是古代白族人民杰出的艺术创造，它的雕刻艺术也受到这方面的影响。本主信仰，是大理地区白族人民一种特殊的宗教信仰，崇拜本乡本土的诸神，雕造本主像而供养，其中包括本民族的国王、清平官、大将军等。剑川石窟雕像中，有三个窟是南诏王及其家属、侍从像。例如，狮子关第1窟，雕出南诏创业始祖细奴罗及其后妃、子女像，俗称"全家福"。石钟寺第2窟，雕出十六人的大场面，称做"阁逻凤议政图"。窟中

❀ 云南剑川石钟山石窟古朴可爱的力士造像

央是坐在龙头靠椅上的南诏第五世王阁逻凤（748～779年在位），头戴圆锥形王冠（头囊）。国王右边是身着袈裟的王弟阁陂和尚，椅背有曲柄伞（扛伞）。国王两侧还有清平官（相当于丞相的官吏）、侍从、武士等人物。石钟寺第1窟，雕出南诏第六世王异牟寻（780～808年在位）议政图，国王身后侍者执弯曲的长藤杖（赤藤杖）。这些雕像，真实反映了南诏宫廷的政治生活、衣冠服饰、用具建筑及风俗制度等，是南诏社会生活的写照。此外，石钟寺第8窟，还雕出"阿盎白"——女性生殖器雕刻，是有待民族社会学研究的课题。

为何盛唐后石窟重心南移到四川？

中国的石窟艺术，经过魏晋南北朝的蓬勃发展，至隋唐而达全盛时期。石窟造像遍及各地，石窟艺术的民族化、世俗化也达到了新的高度。然而，晚唐五代以来，石窟造像中心却转移到以四川石窟为代表的南方地区。

在中国佛教史上，唐代是形成宗派的时期。唐代前期形成的佛教宗派，有天台宗、华严宗、净土宗、法相宗以及三阶教等。武则天后期以后，密宗与禅宗兴起。密宗注重咒术仪轨等宗教修行活动，晚唐后又因东传日本、新罗等国而在本土陕、洛地区失去势头。禅宗重视主观唯心主义的认识论，标榜不诵佛经，不立语言、文字，由拜佛转而呵佛骂祖。这样，就使原来作为"像教"的佛教，不大重视造像而注重宗教仪式与活动，人们对宗教的要求发生一定变化，寺院崇拜逐渐超过了石窟崇拜。这是原因之一。

晚唐武帝和后周世宗的两次废佛事件和"安史之乱"造成的恶果，沉重打击了佛教势力，寺院经像被毁，佛教徒避难南方，从此北方佛

✸ 重庆大足县宝顶山大佛湾观无量寿佛经变相，上品上生图（南宋）。

* 四川安岳石刻毗卢洞紫竹观音。毗卢洞是五代、北宋时期四川佛教密宗的道场之一。

教一蹶不振，南方佛教仍在发展。这是原因之二。

就在同一时期，与藩镇割据、烽火连年、经济凋敝的中原地区不同，南方，尤其是西蜀和南唐，由于社会相对安定，地方富庶，经济发展，形成金陵、成都的繁荣。唐玄宗、僖宗两度入蜀避难，带来大批经像、文人学士和佛教徒，给原有相当造像基础的四川等地，注入了新的血液。宋代以后，南方社会经济的发展已超过北方。四川首次雕印佛经大藏，成都大圣慈寺成为盛极一时的著名大寺。这时敦煌莫高窟的许多经本、题材来自四川。同时，密宗金刚部盛传于四川，形成独具特色的祖师传承系统。因此，正当北方石窟造像趋向衰竭时，四川石窟造像却以异军突起之势出现，这是由其外部和内部的多种原因造成的。

为何四川石窟以密宗造像独盛?

密宗胎藏、金刚两部密法在中国的传承,以善无畏、不空创立的金刚界较盛。特别是不空,师承二部密法,是密宗的主要创立者。不空门下传人以「六哲」为著,而以青龙寺承其法脉。惠果(752~805)学兼二部,时称密宗大师。

惠果门下弟子众多,流派遍域,其中以回国后创日本真言宗的日本僧人空海最为著名。中国密宗东传海外,在国内却几乎濒于绝响。

在惠果众多弟子中,剑南(今四川成都)唯上值得注意。空海撰文的惠果碑中说他"钦风振锡,渴法负笈",评价很高。我们可以推测,唯上学成返川,在成都一带弘法传教,播下了密宗流传四川的种子。此后,即出现了四川密教史上两位祖师式的传教人物——晚唐五代的柳本尊(855~942)和南宋的赵智凤(1159~1249),被称为"唐瑜伽部主总持王"、"六代祖师传密印"。在晚唐至南宋近四百年,他们活跃于川西和川中一带,盛传金刚界五部密法,留下许多遗迹,大足宝顶大佛湾、安岳毗卢洞等处均为其道场。晚唐以后密宗在四川的传布,

❀ 重庆大足石刻宝顶山柳本尊像(图中跌坐者)

确实是流传有序，见诸碑史和造像，这是中国佛教史和造像史的重要发现。独具特色的四川石窟密宗造像的高峰，就在这时出现。

宋代以后，水陆画盛行于四川，现存许多石窟造像为水陆道场遗迹。四川水陆系统是东川杨锷结合密宗仪轨而创制发展，因而造出一系列密宗造像来。

四川（及重庆）石窟雕刻艺术，数量之多堪称国内各省之冠。据初步调查，全省近五十个县市有比较集中的石窟摩崖造像，窟龛在10个以上的分布地点达120多处。这就是说，全省窟龛总数在一千以上。著名的石窟，如广元皇泽寺和千佛崖，巴中南龛，大足宝顶和北山，安岳卧佛院等，均已被列为国家级重点文物保护单位。这些石窟造像，大多开凿于盛唐以后。造像的题材内容，有毗卢佛、药师变、炽盛光佛、华严三圣、西方净土变和观经变，各种观世音

❀ 四川广元皇泽寺大佛窟内正面景观，大佛后壁有天龙八部浮雕，其布局雕工无不体现艺术家的匠心独运。

菩萨（千手千眼、十一面、如意轮、数珠手、不空羂索、白衣观音等），八大菩萨，地藏与十王变，地藏与六趣轮回变，地狱变，毗沙门天王，八大明王和孔雀明王，诃利帝母，陀罗尼经幢以及宝志和尚、泗州大圣等高僧像。在全国石窟造像中，四川是保存密宗题材最多的一处。这就为研究密宗造像史，提供了一批新资料。

为何飞来峰和居庸关元代造像比较集中？

中国元代盛行的藏传佛教（喇嘛教）造像，是密宗与西藏本土原始宗教苯教混合的产物。元代藏传佛教艺术品作为佛教信徒们崇拜的结合物，艺术和宗教这样紧密地结合，更使人产生一种玄奥神秘之感，这些造像作为艺术品而进行观赏，每当我们为它所表现出的超凡人圣的形象所惊叹和倾倒。

初，世祖忽必烈为扩大其政治势力，以喇嘛教为国教，封八思巴为帝师。或是在游览观光，造像所起的作用都是超出了每个人的想象。

喇嘛教造像兴起于西藏，又称藏密，在内地先流行于元大都、上都等地，不久即盛行于东土。明代政府严禁汉人信奉喇嘛教，清代喇嘛教流行于满、藏、蒙族聚集地区。因此，国内内地的元代造像所存无多，现存以杭州飞来峰和北京居庸关较为集中，成为研究元代美术史与宗教史的宝贵实物资料。

作为元大都西北屏障的居庸关，元至正五年（1345）在关城内建三座喇嘛式过街塔（云台），塔已毁，现存为塔基。云台券面及券洞内浮雕迦楼罗、四大天王、尊胜佛顶曼荼罗、十方佛、千佛以及梵、藏、八思巴、维吾尔、汉、西夏六

※ 杭州飞来峰西方三圣窟，中间是阿弥陀佛，两边胁侍菩萨中，宝冠上有阿弥陀佛者是观世音菩萨，宝冠上有宝瓶者是大势至菩萨。

※ 北京居庸关云台门洞内石刻天王,是稀有的元代雕刻艺术佳作。

种文字题刻的《陀罗尼经咒》等,是稀有的元代艺术佳作。

杭州是南宋故都,宋亡后是元代江南释教总统杨琏真伽的驻在地。元初,杨琏真伽首创营造飞来峰喇嘛教造像,寓有制作新朝造像以厌胜南宋故都风水的政治原因。杨氏作为一代豪僧,"江南诸寺,佃户五十余万"(《元史·成宗记》)。有这样雄厚的经济基础和佛教势力,集中造出这样一批元代造像,实非偶然。

飞来峰现存元代汉、藏式造像共 67 龛 116 尊像。其中喇嘛教造像大多造于元初。造像题材可分为佛、菩萨、佛母和护法几大类。佛像分刻藏密各部主佛,如毗卢佛、宝生佛、无量寿佛、释迦佛,还有大持金刚(胜初佛)等。菩萨像有金刚萨埵(普贤)、文殊师利、狮子吼观音、多罗菩萨等。佛母像有大白伞盖佛母、尊胜佛母等。护法像有大黄财宝护法、布禄金刚、雨宝佛母和金刚手菩萨等。此外,还有密理瓦巴像,似为僧像。

什么是摩崖造像，孔望山造像表现了哪些早期特点？

摩崖造像一般指在山崖石壁上雕凿的佛像的宗教艺术。这种造像，系摩平崖壁，浅雕佛像，一般没有形成石窟那样较深广的窟室，多供朝拜观瞻者在露天情况下就地观赏。每当我们作超出了佛教结合的意味，这感。分布于中国南方各省。

位于江苏省连云港市的孔望山摩崖造像，是最近公布的第三批全国重点文物保护单位之一。山上的摩崖造像，是倚借山势，在高约9米多的山崖上，平面浅浮雕成108个人像，最大的身高1.54米，最小的头像仅10厘米。此外，还有圆雕石象和石蟾蜍各一身。

在这批摩崖石刻像中，有一部分造像头上雕山高肉髻，手势做右手施无畏印或双手置于胸前的姿态，结跏趺坐，身后有凹入的身光。雕刻手法多为平面浮雕，风格朴拙，保存基本完好。这些造像，已具备

❊ 江苏孔望山蟾蜍石刻

❈ 江苏孔望山摩崖石刻，是中国较早的一处佛教摩崖造像。

佛像的基本特征，应属佛教造像或受到佛教影响的摩崖石刻，是国内现存较早的一批佛教石刻之一。

除佛教造像外，还有一些世俗形象，如戴冠执戟的官员和男女供养人，同样为较早的一批石刻造像。

对孔望山摩崖造像的年代、内容等问题，目前学术界还存在不同的看法。如这么大面积的摩崖造像，有没有可能是在不同时期内陆续雕就？其雕凿年代是东汉晚期还是在其以后？造像的题材内容是佛像与世俗造像纷然杂陈还是以佛教石刻为主，包括道教和世俗造像？尽管如此，孔望山摩崖造像毕竟为人们提供了一大批研究中国早期佛教、道教以及世俗造像的珍贵资料，这就为进一步探讨中国早期佛、道教造像的内容和形式、中国佛教造像的渊源及传播路线、早期佛道教造像的关系等一系列课题，增添了新的思路，因而值得重视。

西夏佛教艺术在榆林窟有何表现？

西夏是党项族建立的一个封建国家，北宋仁宗景祐三年（1036）西夏占领瓜、沙二州，前后统治近两个世纪。西夏崇奉佛教，在其统治区内的敦煌莫高窟和安西榆林窟，继续兴建洞窟，绘制壁画。这种佛教艺术，同样具有这样的功能。每当我们在参观各种佛教寺院，或是在游览观赏像艺术的形象所结合的或是单纯的艺术意义……确切意义是指……

这从一个侧面，反映了由于丝路再通，河西与高昌地区在政治、经济和文化上不可分割的关系。

榆林窟西夏晚期壁画，无论在内容还是技法上，都达到了一个新的高度。这时，西藏密教传入西夏，榆林窟出现了一些密宗洞窟。如第3窟壁画以大日如来和观音为坛主，第19窟有画"秘密堂"题记，第29窟为中央设坛的密宗洞窟布局，绘有曼荼罗五方佛，是国内现存较早的藏密艺术。第3窟千手千眼观音变中，穿插有打铁、酿酒、耕种、舂米等劳动生产场面，反映了西夏酿造、耕作、冶铁等生产技术水平。

❀ **安西榆林窟第3窟壁画力士图**

莫高、榆林二窟现存西夏洞窟七八十个。莫高窟西夏窟大部分是利用原有洞窟重修，榆林窟西夏窟则大多属于新建。特别是榆林窟西夏后期洞窟，保存的壁画十分精美，是西夏佛教艺术的代表作。

榆林窟西夏早期洞窟，较流行的壁画题材是文殊普贤变和供养人行列，次为西方净土变和说法图。壁画风格接近宋晚期，具有严谨、写实的作风。西夏中期的洞窟数量和壁画题材减少，但壁画艺术上出现了与新疆吐鲁番回鹘族高昌壁画艺术风格相近的作品，如第39窟的儒童本生故事壁画，从人物造型到装饰纹样，都十分类似柏孜克里克石窟壁画。

文殊普贤变具有新的风格,其山水、界画和人物的造型笔法,显然是受到宋金画风的影响。其中,普贤变中还穿插着"唐僧取经"故事:玄奘合掌礼拜,猴状孙悟空牵驮经白马,同样故事还见于第2、29窟。这是作为绘画形式的这类故事的最早作品。它把传说与经变结合起来,是佛教壁画的新发展。第2窟比较突出的壁画是水月观音,画面较大,描绘观音在岩石上凝神遐思,色调富丽而沉稳,堪称西夏佳作。第29窟壁画则以供养人行列取胜。人物造型具有党项民族特征,衣裙、冠带、发式、甲仗的描述反映了民族风习,更运用多种线描塑造人物形象,在艺术技法上有了新的突破。

❀ 甘肃敦煌莫高窟第409窟壁画西夏王妃供养图

榆林窟西夏佛教壁画,融合了宋画的笔墨构图,辽金的造型纹饰,西藏的密教题材和回鹘的服饰,而又突出了西夏特有的风格。这表明西夏民族是一个善于接受其他民族的优点,善于形成自己文化特性的民族。

为什么说乐山大佛是世界上最大的佛像?

著名的乐山大佛在四川省乐山市东凌云山西壁,岷江、青衣江、大渡河三江合流处。大佛是依凌云山栖鸾峰断崖凿成的弥勒佛倚坐像,又称凌云大佛。

四川乐山大佛,是世界上最大的佛教石刻造像。

据《嘉州凌云寺大佛像》记载:乐山大佛为唐开元元年(713)僧人海通主持开凿,后来剑南川西节度使韦皋于贞元十九年(803)完成,工程前后进行了九十年。当时大像上覆十三层重楼,取名大像阁,宋代易名为天宁阁,明代时圮毁。

据最新的测绘数据,大佛从头顶至足底为58.7米,若加上已被毁的莲花座,大佛通高为70米左右。佛头高11.7米,脸宽7.8米,鼻长3.5米,眼长3.3米,耳长6.43米,肩宽28米。大佛头与山齐,脚踏大江,气势宏伟,人称"山是一尊佛,佛是一座山",是世界上最大的石刻佛像。

倚山开凿大型佛像,从北朝后期开始流行。《法苑珠林》记载:"唐并州城西有山寺,名童子,有大像,坐高一百七十余尺。……(唐高宗)及幸北谷开化寺,大像高二百尺。"这两尊大像均开凿于北齐。近年在晋祠附近的蒙山、天童山发现了两处凿山而成的大佛,一般认为就是北齐大佛像。河南浚县大佛,像高20余米,为倚坐弥勒佛,像凿成于北齐时期。甘肃武山县拉梢寺大佛,像高60米,成于北周时期;甘肃麦积山石窟,隋

代开凿了十余米的摩崖大佛。唐代开凿的大型佛像，均为弥勒佛倚坐像。莫高窟在武周延载二年（695）开凿了"北大像"，像高33米；开元年间开凿了"南大像"，高26米。陕西彬县庆寿寺大佛，像高24米。甘肃炳灵寺第171窟大佛，像高28米。这些唐代大佛像同乐山大佛一样，开始时像前都有大型楼阁。

从以上开列可以看出，乐山大佛的开凿不是偶然的，是当时一种社会风气的反映。

四川乐山大佛

中国最大的铜佛像在哪里？

中国最大的铜佛像，是在西藏日喀则扎什伦布寺强巴佛殿供奉的强巴佛像。它是在九世班禅却吉尼玛时（1883～1937），由一百二十名工匠，花了两年多时间完成的。

"扎什伦布"藏语的意思为"吉祥须弥山"。该寺于明正统十二年（1447）由喇嘛教格鲁派（黄教）创始人宗喀巴的弟子根敦朱巴兴建。是班禅四世以后历世班禅举行宗教和政治活动的中心。

强巴佛像的莲花宝座高3.8米，佛身高22.4米，佛像总高是26.2米，佛面长4.2米，耳长2.8米，肩宽11.4米，手长3.2米，据说佛像的鼻孔内可容一个成年人。佛像全身共用紫铜二十三万多斤，表层涂金八千多两。佛眉间白毫用了直径3厘米的大金刚钻石，佛身上用了直径1厘米的钻石三十

❀ **西藏日喀则扎什伦布寺**
始建于明代，是班禅四世以后班禅的宗教和政治活动中心。

颗，大珍珠三百余粒、珊瑚、琥珀、松耳石等珠宝一千四百多个。整个佛像显得华美、壮观。

为了供奉这尊大铜佛像，于扎寺西侧建造了强巴佛殿。它建于1914年，历时四年方完工。大殿高30多米，总面积近800平方米。殿室分为莲花宝座、腰部、胸部、面部和冠部五大层。

藏传佛教称强巴佛为未来佛，认为五亿七千年后他将接替释迦牟尼佛而成为佛教至尊。在当时建造这尊大像不只是为了礼拜，而且象征了压倒一切的势力，以与前藏的宗教势力相抗衡。

设计这个大佛像的是索南塔杰（1868～1943），他是当时著名的画师。班禅九世曾赐他六品官衔，并封为画匠的首席大师傅。当开始

❋ **强巴佛**
位于西藏日喀则扎什伦布寺是中国最大的铜佛坐像。

建造大铜佛像时，人们认为索南塔杰的设计有问题，佛的头部和双耳过于大了，但是当佛像完成时，才感到整个佛的比例十分合适，而且显得非常生动。

敦煌石室之谜是如何解开的？

"敦煌石室"一般是指敦煌藏经洞，编号是第17窟。在不到20立方米的藏经洞内，发现了总数四万五千件以上的遗书、绘画、刺绣等，这些文物的研究构成了敦煌学的一个主要方面。

这种艺术美感结合的宗教艺术，超出了单纯的宗教或单纯的艺术作品所具有的形象。每当我们在参观各种佛教寺院，或是在游览……

这些文物为什么封存在石室内？又是怎样被发现的呢？敦煌是古代西北的重镇，历来为西北各部族争夺的目标。每逢大战乱，管理莫高窟的僧人都要出逃避难，寺院因此而荒芜。公元11世纪初，党项族的势力日盛，战争危及敦煌，僧人们在出逃之前，将大量的经卷、文书、佛像和法器等，放在一个洞窟的附窟内，外面用砖封好，并在砖上覆泥绘上壁画，看不出有封堵洞窟的痕迹。宋景祐二年（1035），党项族建立的西夏国，占领了敦煌地区，这个藏经石室得以悄然保存下来。

西夏以后，敦煌日渐衰落。特别是明代嘉峪关以西为吐鲁番所占，敦煌和内地的联系很少，清初虽然打通了新疆，但主要交通线已经改道，敦煌仍然比较闭塞，这一佛教圣地被人遗忘了。

敦煌重新被世人注意，主要归于一个道士的偶然发现。清代道光年间，在莫高窟下寺有一个叫王圆箓的道士，他是湖北麻城人，因为家乡连年干旱，就跑到西北当道士。王道士化缘得来一些钱，他决定作"功德"，所以找了一些当地的工匠，把佛窟改造为道教的礼拜场所，然后开始清除洞窟内的积沙。

1900年5月26日上午，当清除第16窟甬道积沙时，藏经洞被发现了。

由于甬道内长年堆满了积沙，已对墙壁产生了一种外加的支撑作用，积沙的突然被清除，使九百年前砌造

❋ 敦煌莫高窟千手千眼观世音壁画

的墙壁裂开了一道大缝。王道士感觉墙后是空的，于是拆除了这面砖壁。一扇紧闭了近九个世纪的小门出现了。打开小门，是一个高约1.6米、宽约2.7米的石室，里面散乱地堆满了数不清的经卷、文书、绣画及法器等。

不久，清政府知道了这个发现，但并没有认识其重要性，又觉得将这些文物运出敦煌花费太大，只是命王道士就地保管。

可是当西方的冒险家得知此事后，纷纷拥入了敦煌。首先到达的是英国的斯坦因，他1907年第一次到敦煌，从王道士手中"收买"了写本文书24箱，绘绣的佛画5箱；1914年，他再次掠走5箱写本，两次共掠走文书、遗物一万多件。1908年，法国人伯希和掠走文书5000件。1911年日本人又从王道士处弄走约600件经卷。其后，俄国人和美国人也相继来敦煌掠夺文物。清政府迫于国人压力，将8600多件残卷运到北京，其中一部分又流往海外，剩下的现在存于北京图书馆。

敦煌藏经洞发现的写本包括汉文的3万卷，吐蕃文的1万卷，另外还有梵文、龟兹文、回鹘文、突

❀ 敦煌藏经洞发现的菩萨像，现藏于英国不列颠博物馆。

厥文等文字的写本，汉文写本中有佛教经典、儒家经典、社会文书、文集、科技史料等。藏经洞中还有大量的绘画和刺绣作品。这些文物对于研究中国历史、宗教、语言、文学、社会经济等，都是取之不尽的宝库，已成为今日"敦煌学"研究的重要资料。

敦煌学为何风靡世界?

20世纪初,敦煌藏经洞的被发现,引起了中外学术界的注目。对莫高窟造像、文物内涵的研究,成为了一个独立的学科,就是敦煌学。

敦煌学的研究包括两个部分,即敦煌石窟的彩塑、壁画及藏经洞保存的文物。

敦煌莫高窟保存着从十六国到元代一千年间的500余个洞窟,4.5万多平方米的壁画,2400余身彩塑。延续时间如此长、规模如此大、保存如此完好的石窟,在世界上是非常罕见的。这方面的研究主要有石窟的开凿年代、石窟内各种形象的时代特点、形象的内容考证、艺术风格的演变以及敦煌石窟与其他石窟的关系等问题。这些研究大多涉及石窟内的形象,所以为我们了解历史提供了大量的第一手材料。比如天宫伎乐形象保存了音乐舞蹈史的资料;众多的建筑式样是建筑史可靠的材料;壁画中的生活场景使我们了解当时的社会经济生活;大量的彩塑和壁画当然是美术史最直接的资料。另外这些形象还涉及政治、宗教、民族、军事、科学技术和中外文化交流等等方面。

在敦煌藏经洞内发现了大量的从晋朝到宋朝的写本、绢画和刺绣,在中国历史上没有一次发现可与之相比。它数量如此大,内容如此丰富,保存如此完整,使我们对历史有了更深入的了解。敦煌写本以佛

❀ 敦煌莫高窟佛陀出城壁画

经为主，保存了一些久已失传的经典，还有一些写本记载了当时的佛教历史；另外一些写本反映了当时道教、摩尼教和景教等宗教的情况。写本中还保存了大量经、史、子、集，如有久已不存的古本隶书《尚书》、反映西北史地的《沙州志》、古注本《老子》、唐代大诗人韦庄的《秦妇吟》，等等。另外有很多俗文学作品。这些材料涉及了古代哲学、文学和语言学等方面。

写本中还保存了大量当时的卖田、借贷、卖身等契据和图经等，这些材料使我们了解了古代的土地制度、户籍制度、历史地理沿革等很多社会经济历史情况。敦煌写本使用的文字包括汉文、梵文、龟兹文、回鹘文、康居文、吐蕃文等，这些材料反映了当时西北地区的民族状况和语言文字情况。

藏经洞发现的唐代咸通九年

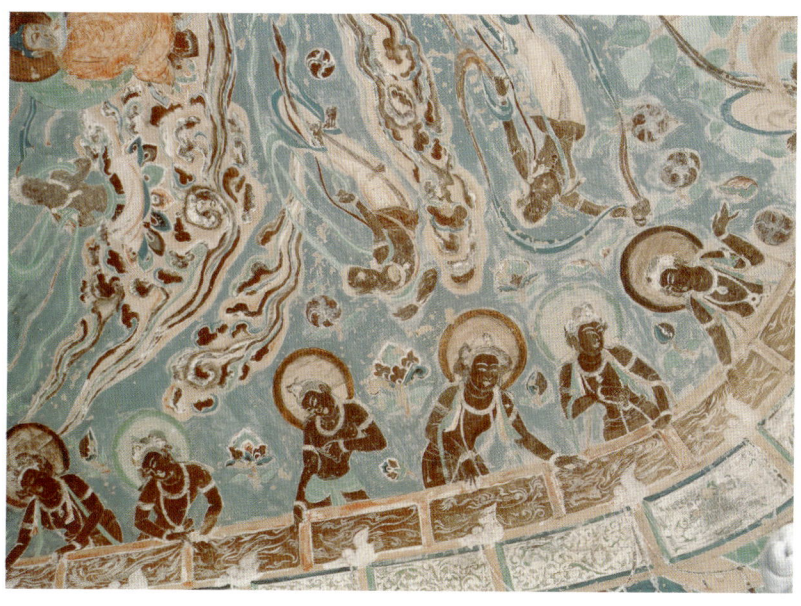

敦煌莫高窟凭栏天女壁画，初唐时期作品，天女是飞天人物中的女性。

(868) 的《金刚经》刻本，是世界现存最古老的印刷品。写本所用的纸张和大量的绢，以及有天文历法和医学等内容的写本，是研究古代科技史最可靠的材料。

敦煌宝库被打开以后，中外学者都进行了大量的研究工作。20世纪20~30年代，外国学者主要对敦煌遗书进行研究，出版了一批著作，震动了国际学术界，人们为这批研究中国和世界历史难得的文献所倾倒。尤其是新中国建立后，中国学者的研究扩大了敦煌学的研究领域，取得了令人瞩目的成就。现在，国际敦煌学的繁荣，使敦煌学的研究进入了一个新阶段。

中国寺院布局与宫殿建筑有何关系？

外来的佛教建筑传到中国以后，被中国传统的民族形式所同化，中国宫殿、官署等传统建筑形式逐渐融合到佛寺建筑之中，创造出中国佛教建筑独具特色的样式。教建筑独具特色的样式。佛教信仰者得到了心灵的结合的艺术感，这种宗教与艺术相超出了单纯的宗教或是单纯的艺术，同样具有震撼心灵的感染力。每当我们在参观各种佛教寺院，或是在游……

佛寺、石窟寺等宗教建筑物，是伴随着佛教的传入中国而兴起的。印度的佛寺和石窟，平面布局是以围绕佛塔（窣堵波）作中心，四周布置僧房、佛殿的格局。窣堵波是为瘗藏佛的舍利和遗物而建造的。这种情形，传到中国就有了改变。

中国见于记载的最早佛寺，是东汉永平十年（67）的洛阳白马寺，系利用原来接待宾客的官署——鸿胪寺改建而成的。公元2世纪末，笮融在徐州建浮屠祠，下为重楼，上累金盘，中置金铜佛像，应为中国文献中关于建寺造像最早的明确记载，也是中国楼阁式木塔的萌芽。利用官署改建佛寺，塔与木构楼阁相结合，印度式的寺塔形制从传入中国伊始，就已在开始改变自己的形象了。

西晋、十六国时期以来，中国的都城和宫殿建筑，逐渐完善其

❀ 巍峨宏伟的西藏布达拉宫金顶群，体现了寺院与官殿建筑艺术的完美结合。

佛教小百科

❀ 河北承德外八庙普陀宗乘庙,仿照西藏布达拉宫建造,故又称小布达拉宫。

规制。其中最值得注意的是曹魏时改建的邺城,该城主殿居于全城南北中轴线上,这是中国历史上第一座轮廓方正、设置中轴线的都城。在这种都城宫殿格局的影响下,当时各地大量兴建的佛教寺、塔和石窟,也逐渐采取中国宫殿官署的沿中轴线布置的院落式格局。如最著名的佛寺——北魏洛阳永宁寺,平面采取在中轴线上布置主要建筑的规制,前有寺门,门内建塔,塔后建佛殿。居中的永宁寺大塔,平面方形,四面开门,为九级楼阁式木塔,高四十余丈,可能是历史上最高的木结构建筑,堪称这一时期佛寺布局的典型。

中国早期佛寺的平面布局,仿照印度的样式,以塔藏舍利,供佛教徒礼拜,所以塔位居佛寺中心,成为寺的主体。此后建佛殿以供奉佛像,塔与殿并重。以北魏永宁寺为代表的平面方形,设置中轴线,主体建筑位于寺中央的布局规制,正是从印度佛寺受到启示,同时结合汉族传统礼制建筑而发展起来的。

隋唐佛寺继承了魏晋南北朝以来的传统,平面布局采取以殿堂廊庑等组成以庭院为单元群落方式,井然有序,分区明确。这时,供奉佛像的佛殿已成为寺院的主体,有的在寺旁建塔,另成塔院。这与印度佛寺以塔为中心做法,有了很大的不同。宋代以后,较大的佛寺多将塔建于佛殿之后。

中国最早的佛寺在哪里?

佛教在东汉时期传入中国,东汉明帝时在首都洛阳营建了中国第一座佛寺——白马寺。据说寺之得名,是因为汉明帝遣使求法,佛经由白马背负而至,故取名白马寺。

当时白马寺的建造仿照印度祇园精舍,寺中为塔,佛殿内有壁画。由中天竺来中国传法的僧人摄摩腾和竺法兰就居于此,译出了《四十二章经》,这是现存中国第一部汉译佛典。东汉时绝大部分佛经都在洛阳翻译,白马寺是最重要的译经场所。魏晋时期,重要经

❋ 河南洛阳白马寺山门前的宋雕石马
白马寺位于河南省洛阳市以东12千米处,是佛教传入中国后兴建的第一座寺院,寺内保存了大量元代干漆造像。

典仍在此翻译。到了唐代，白马寺的规模有了较大的发展，武则天执政后，成为宫廷的重要寺院。后世该寺屡有兴衰，现存建筑多为明、清兴建。

中国南方最早的佛寺是建初寺，相传是孙权在三国吴赤乌十年（247）为僧人康僧会在建业（今南京）营建。康僧会对江南地区佛教的发展有很大影响。西晋时期，僧人帛尸梨密多罗在该寺译出了《大孔雀王神咒经》等密教经典，为密教传入中国之始。南朝僧祐在建初寺完成了著名的《出三藏记集》。该寺早年被毁，今不存。

中国现存最早的佛寺，是山西省五台县的南禅寺。该寺正殿建

❀ 山西五台山南禅寺

该寺创建年代不详，重建于唐德宗建中三年（782），距今1200多年。寺内主要建筑有山门（观音殿）、东西配殿（菩萨殿和龙王殿）和大殿。其大殿为中国现存最古老的一座唐代木结构建筑，也是亚洲最古老的木结构建筑。寺中的唐代雕塑堪称唐代雕塑艺术的珍品，具有重要的历史地位和艺术价值。

于唐德宗建中三年（782）。晚唐时佛寺因遭"会昌灭法"，大都被毁掉了，因为南禅寺地处偏僻才能得以幸存。大殿面宽进深各三间，殿内无柱，梁架结构简练。大殿内有佛坛，坛上排布十七尊彩塑，基本上未经后世改动，是唐代雕塑艺术在中原地区的少数遗存之一。现在寺内其余各殿，是明、清时期的建筑。

什么是中国佛教四大名山？

四大名山是中国佛教所传四个菩萨分别显灵说法的形象化的道场，它们是山西省五台山、浙江省普陀山、四川省峨眉山和安徽省九华山。其中以五台山最为有名，明代曾有"金五台，银普陀，铜峨眉，铁九华"之说。

❀ **四川峨眉金顶**

峨眉山，佛教四大名山之一，相传是普贤菩萨显灵说法的道场。

五台山，在山西省五台、繁峙两县境内，属太行山一个支脉。相传是文殊师利菩萨应化的道场。因为"岁积坚冰，夏仍飞雪，曾无炎暑"，所以又称"清凉山"。山由五座山峰环抱而成，峰顶宽平如台。北魏时期就在此建造佛寺。北齐时，五台寺院达200余座。隋文帝时，又下诏在五个台顶各建一寺。唐代关于五台山为文殊菩萨显灵说法之地的传说更加广为流传，狮子国（今斯里兰卡）、南天竺（今印度南部）和日本等国的僧人亦来此朝拜。此时寺院已臻极盛，规模宏大。敦煌莫高窟现存的《五台山图》，反映了五代时期五台山寺院的兴盛场面。宋、元、明以及清初，各代皇帝均曾敕建寺院。据新中国成立初期统计，全山有汉僧寺院97处，喇嘛寺25处。现存寺庙台内有显通寺、塔院塔等39座，台外有佛光寺、南禅寺等8座。五台山还保存了大量的具有很高历史、艺术价值的雕塑、碑刻、墓塔及佛经等。

普陀山，在浙江省普陀县，为舟山群岛的一个岛，相传此处是观音菩萨显灵说法的道场，唐代以前本称梅岭山。传说唐大中年间有一印度僧人来此，亲睹观音菩萨现身说法，授以七色宝石，故称此地为观音显圣地。佛经有观音住南印度

普陀珞珈山之说，故略以称岛。五代时，日本僧人慧锷从五台山得观音像取归回国，船至此遇风不能进，遂留像创建不肯去观音院。自北宋以来，该山观音信仰日盛，寺院渐增，僧众云集。明、清两代更是大力兴建寺院，著名寺院有普济寺、法雨寺和慧济寺等。宋代以后，凡往来于日本、朝鲜等国的海上行旅，常常在此候风，礼拜观音，祈求平安。

峨眉山，在四川省峨眉县西南，因山势逶迤，两峰对峙如娥眉而得名。相传是普贤菩萨显灵说法的道场。传说古时有一翁入山采药，见到了普贤菩萨。此山在魏晋时开始建造佛寺，著名者有黑水寺和普贤寺。唐、宋时期增修寺宇，北宋太平兴国六年（980），造了一尊重达62吨的普贤铜像置于白水寺（今万年寺）。现存建筑多为明、清建造，较重要者有万年寺、报国寺、光相寺等。传说光相寺是普贤菩萨示现的灵场。

九华山，在安徽省青阳县。原名九子山，传说李白以山有九峰如莲花而改名九华山。相传为地藏菩萨显灵说法之道场。传说地藏菩萨降生于新罗王族，名金乔觉，于唐天宝年间航海至此，贞元年间圆寂于此山中。山上寺院80余所，其中以化城寺为中心，相传此处为地藏菩萨成道处。

山西五台山

佛教四大名山之一，相传是文殊菩萨显灵说法的道场。

中国唐代建筑的代表是什么？

中国唐代佛教兴盛，营建了无数的寺院，但是这些建筑由于年代的久远，因自然灾害及人为破坏等原因，能够保存到今天的已经微乎其微了，只有五台山南禅寺大殿和佛光寺大殿等少数唐代殿宇得以幸存。

南禅寺在距五台县城西南22千米的李家庄。寺院规模很小，是五台山最小的寺庙。主殿大佛殿为唐代遗存，龙王殿为明代所建，其余殿宇均是清代建筑。

南禅寺大佛殿的创建年代不详，大殿横梁上保存了一处墨书题说，上书"……因旧名，时大唐建中三年，岁次壬戌……重建殿"，由此可知现存大殿重建于唐德宗建中三年（782）时，距今已1200余年，是现存最早的唐代木结构建筑。

大殿建在方整宽敞的平台上，面阔三间，宽11米，进深三间。殿顶为单檐歇山顶，举折相当平缓；大殿的出檐深远翼展；一对高大的吻兽立在屋脊两端，气势非凡。整个大殿显得庄重、古朴、坚实。大殿共用十二根檐柱，屋顶重量通过梁架由檐柱负担，殿内无柱，显得十分宽敞。柱头上的斗拱层层迭架、层层伸出。大殿于20世纪70年代落架重修。

宽敞的大殿内设一佛坛，坛长8.4米，宽6.3米，高0.7米。坛上安置了彩塑十七身，主像是释迦牟尼佛，两旁是骑狮文殊和乘象普贤。坛上各像仪容丰满，神态逼真，服饰鲜明。佛像安祥端庄，菩萨丰满优美，弟子虔诚恭谨，天王威武雄壮。这些精美的彩塑基本上未经

山西五台山佛光寺主殿东大殿

根据殿前石经幢的记载，它建于唐大中十一年（857）。

后代改动，是唐代艺术品中不可多得的杰作。

佛光寺在五台县城东北32千米的佛光山腰。寺三面环山，因山势而成层层叠高的三层院落。

据文献记载，佛光寺始建于北魏孝文帝时期，隋唐时期极为兴盛，屡见于各种传说。唐代曾建九间大殿，后遇唐武宗会昌五年（845）灭法，全寺被毁。唐宣宗时"再崇释氏"，大中十一年（857），女弟子宁公遇出资，由愿诚和尚主持，在原有殿址上修建了现存的正殿东大殿。以后宋、金、元、明、清各代也都有营建。

东大殿位于最后一层院落，位置最高，雄视全寺。殿身面宽七间，进深四间，单檐庑殿顶。前檐当中五间安有大型板门，两尽间装直棂窗。殿内外柱上有古朴的斗拱承托上部梁架和深远翼出的屋檐。殿内天花板将梁架分为明和草两部分。殿脊两端，装饰了高大的琉璃鸱吻。整个大殿显得苍劲壮丽，是唐代建筑的典型代表。

大殿中央设一宽及五间的大佛坛，坛上置塑像三十五身。释迦牟尼佛、弥勒佛和阿弥陀佛坐像各高6米，居主要位置。旁边塑菩萨、供养人和金刚等。殿内还塑了建造

❀ 山西五台山佛光寺文殊殿斗拱

大殿的主持人愿诚法师和建殿女施主宁公遇的等身写实像。东大殿的唐塑塑工精细，躯体比例适当，虽表面经后代重绘但仍不失为唐代艺术珍品。

唐代佛殿多以壁画作装饰，现在东大殿的佛座背后和拱眼壁上还残留了一部分，亦堪称精品。佛光寺内还保存了唐代石经幢两座，因而唐代东大殿、殿内壁画及经幢，被称为"唐代三绝"。

中国宋、辽建筑的代表是什么？

中国现存宋、辽时期的佛教建筑，著名的有河北省正定县的隆兴寺，天津市蓟县的独乐寺和山西省大同市的华严寺等。

这种艺术美的形式所看到的，不仅是佛像，顾恺之说"像人之美……妙在传神"，这种宗教艺术与美的结合，使宗教信仰得到心灵和情感的升华。这种情感能超出了单纯的宗教或是单纯的艺术含义。佛教造像作为一种宗教艺术，同样具有美感，每当我们在参观各种佛教寺院，或是在游览

隆兴寺，俗称"正定大佛寺"，在河北省正定县城内。原名龙藏寺，创建于隋开皇六年（586），著名的龙藏寺碑尚存寺内。宋太祖开宝四年（971），敕命在寺内铸大铜菩萨一身，遂大事扩建，更名"龙兴寺"。现在尚存山门、摩尼殿、慈氏阁和转轮藏殿四座宋代建筑。寺院虽经元、明、清几代重修，但仍较完整地保存了宋代的总体布局。清代康熙年间改为"隆兴寺"。

全寺主体建筑为大悲阁，1944年曾重修。阁高33米，五檐三层，阁内供一高达22米的铜制千手千眼观音立像，是中国现存第二高度的铜立像。此外，寺内的宋代壁画、转轮藏殿等也都各具特色。

保国寺，在浙江省宁波市西郊的灵山山腰。寺院创建于唐，初名"灵山寺"，会昌五年（845）被毁。唐广明元年（880）复建，改名为"保国

❀ 天津蓟县独乐观音阁

观音阁的斗拱继承了唐代建筑的特点，粗大雄伟，起着承重作用。因位置和功能的需要不同，观音阁的斗拱共有24种不同的结构。这些和其他构件配合，构成了观音阁优美挺拔的整体造型。

寺"。现存大殿为北宋真宗大中祥符六年（1013）所建，是浙江地区保存至今的最古老木构建筑。殿面阔、进深各三间，进深大于面阔。单檐歇山屋顶，瓜棱形内柱。大殿布局具当时南方佛殿的特点。

❀ 河北正定隆兴寺摩尼殿

独乐寺，在天津市蓟县城内。始建于唐，辽圣宗统和二年（984）重建，现存辽代建筑有观音阁和山门。

观音阁是全寺的主体建筑，高23米，上下共三层，面阔五间，进深四间，是中国现存最古老的木结构高层楼阁。阁内中央佛坛上有高16米的十一面观音立像，为辽塑精品，是中国现存最高的古代泥塑。

华严寺，在山西省大同市城区西部。全寺分上寺和下寺两组建筑群。寺内主要殿宇均面向东方，这与契丹族崇拜太阳、以东为上的习俗有关。

上寺大雄宝殿始建于辽代，辽末毁于战火，金代天眷三年（1140）依旧址重建。大殿面阔九间，进深五间，是国内现存最大的佛殿之一（另一座为辽宁义县奉国寺大殿）。

下寺主殿为薄伽教藏殿，辽兴宗重熙七年（1038）修建。殿面阔五间，进深四间，单檐九脊顶，梁架举折平缓，出檐深远。整个建筑结构严谨，是中国辽代建筑的代表作。殿内建凹字形平面的佛坛，坛上有三十一尊辽代彩塑，表情生动，技法娴熟。殿内沿墙设重楼式藏经柜三十八间，称为"天宫壁藏"，制作精巧，按原大缩小，是中国仅存的辽代壁藏模型。

中国元、明建筑的代表是什么?

元代和明代因距今时代较近,保存下来的佛教遗存也较多,著名者有山西广胜寺、北京法海寺和西藏地区的萨迦寺、哲蚌寺等多处。

山西洪洞广胜寺飞虹塔
广胜寺现存主要建筑多建于元代,是元代佛教建筑的杰作。

广胜寺,在山西省洪洞县东北17千米的霍山南麓。寺分为上寺、下寺和水神庙三处。上、下寺为佛寺,始建于唐代以前,元大德七年(1303)被地震毁坏,随之重建。现存主要建筑多建于元代。

广胜上寺虽然大部分经明代重建,但总体布局仍沿袭元代。毗卢殿五间为元代遗存,结构奇特。广胜下寺的建筑主要建于元代,有山门、前殿、后殿和朵殿等。山门高耸,三间见方,造型别致。前殿五开间,悬山式,殿内仅用两根柱子,设计很精巧。后大殿建于元至大二年(1309),七间单檐,悬山式,殿内有元代佛和菩萨塑像。殿内四壁元代曾满绘壁画,1928年被盗卖出国,现仅残存一小部分。两个朵殿为元至正五年(1345)建。

水神庙供奉的是水神明应王,大殿称为"明应王殿",元代延祐六年(1319)建造。殿内保存了绘于元泰定元年(1324)的戏剧壁画等多幅元代精美壁画,具有很高的历史与艺术价值。

法海寺，在北京市石景山区翠微山麓的模式口村。建于明正统四年（1439），为御用监太监李童集资兴建的。寺虽经后世修缮，仍具明代早期的建筑特点。大雄宝殿面阔五间，庑殿顶，外貌金碧辉煌。殿内保存了明代绘制的巨幅壁画，内容为佛、菩萨和神将诸天形象，是明代壁画的珍品。

西藏地区的喇嘛教，由于得到了元朝统治者的提倡而迅速发展，并且兴建了很多寺院。

萨迦寺，在西藏萨迦县的本波山下，是藏传佛教萨迦派的祖寺。仲曲河将全寺分为南北两寺，北寺今已毁，南寺尚存。据传说，北宋熙宁六年（1073）萨迦派祖师贡却杰布主持修建北寺。元代至元六年（1269），征集十三万户民工，在元朝朝廷的资助下修建了萨迦南寺。

萨迦南寺的大殿高11米，总面积约5700平方米，有柱子40根。大殿前部为佛堂，殿后部为藏经库，收藏了大量元代的佛经，以及有关历史、文学、历法等方面书籍，藏书数量之多为西藏诸寺之冠，堪与"敦煌石室藏书"媲美。大殿还保存了元代的唐卡、法器等文物。

哲蚌寺，在西藏拉萨市西郊，是藏传佛教格鲁派最大的寺院。明永乐十四年（1416）由宗喀巴弟子兴建。该寺是历代达赖喇嘛的母寺，所以在格鲁派中地位最高。全寺分为四个扎仓（经学院），可容僧人近万名。主要建筑大经堂，雄伟壮观，可容八千僧人。寺内还收藏了大量古代西藏的历史文献和佛教经典等。

北京市法海寺壁画

法海寺建于明正统年间，明英宗赐名"法海禅寺"。法海寺以大雄宝殿内保存完整的明代佛教壁画闻名遐迩。

西藏佛寺和外八庙的建筑有何异同？

公元7世纪，西藏吐蕃王朝松赞干布时期，佛教从印度和汉地两个方面传入西藏，松赞干布与尼泊尔尺尊公主和唐朝文成公主联姻，两位公主都从自己的家乡带来一尊佛像，并开始在吐蕃兴建早期佛寺。

西藏早期佛寺均经历代重建，现存较早的喇嘛教建筑，是元代兴建的萨迦寺和夏鲁寺。萨迦寺建于公元13世纪中叶，分为南北两处，北寺建于山上，现存南寺。夏鲁寺原为万户府的一部分，建于14世纪中叶。寺有城墙环绕，主要建筑是夏鲁杜康，由门廊、经堂和佛殿三部分组成。

佛殿前有围廊环绕的庭院，这种建筑形制到明清时期发展成格鲁派的"扎仓"（经学院）。建筑结构采用木柱、密梁和平顶，但覆以汉族形式屋顶，其斗栱和琉璃瓦式样为元代内地的典型手法，是当时汉、藏两族建筑的巧妙结合。

明清时期的西藏喇嘛教建筑，在元代的基础上进一步发展，拉萨布达拉宫为其典型代表。布达拉宫现存建筑是清顺治二年（1645）五世达赖喇嘛时期修建。布达拉宫的艺术处理手法，是利用山峰缘山修筑，高达200余米，外观十三层，主体建筑（红宫和白宫）则高耸于山顶，控制全部建筑群，石城墙和城门围绕全宫。桑耶寺的整体布局，则按照佛教世界观构想：主殿三层（下层藏式，中层汉式，上层印度式）

❋ 河北承德外八庙之普宁寺

❀ 河北承德外八庙普陀宗乘庙五塔门

象征须弥山,四方四个佛殿象征四大部洲,周围还有象征八小洲和日月的建筑。

河北承德的喇嘛教寺院,是18世纪起建造的山地建筑,现存八座,即溥仁寺、普宁寺、普佑寺、安远庙、普乐寺、普陀宗乘庙、殊象寺和须弥福寿庙,俗称外八庙,即长城离宫外的佛寺。其中普陀宗乘庙是仿照布达拉宫、须弥福寿庙是仿照日喀则扎什伦布寺建筑的。

承德外八庙建筑的形式,和西藏本土以及藏传佛教地区的佛寺建筑不尽相同。它是吸取了西起西藏、新疆,北到蒙古,东南到浙江等许多著名建筑的特点,集中当时建筑上成功的经验而建造,反映了民族文化的交融。

外八庙建筑的总体布局,依山势而结构。建筑群落大部分采用汉族传统的对称方式,有的寺院还附有山石花木,颇具江南园林的情趣。主体建筑大都建在寺中最高处,引人入胜。其中,普陀宗乘庙和须弥福寿庙的前面部分采取对称处理,其他部分随地形而变化。这两处寺院还在模仿藏族寺院形式的基础上,加上若干汉族建筑的手法,给人以雄壮而活泼的印象。

佛塔是如何起源和演变的？

所谓佛塔，确切意思是指佛像，不仅是指佛像，其他的诸如菩萨、罗汉像等佛教造像作为一种宗教艺术，同样具有这样的功能。每当我们在参观各种佛教寺院，或是在游览观光的时候，都会遇到佛教造像作品，这些造像作品超出了时代的局限，结合艺术、历史、宗教等多种因素，给人以美的享受。

佛塔起源于印度，起初是保存或埋葬释迦牟尼舍利的建筑物。据佛教文献记载，释迦牟尼去世后，他的遗体被火化，结出许多晶莹明亮、击之不碎的珠子，这就是舍利。这些舍利被当时的八个国王取去，分别建塔加以供奉。

🏵 浙江杭州六和塔

始建于北宋年间，后毁于兵火，南宋时期得以重建。

在释迦牟尼一生中有纪念意义的八个地点（如诞生处、成道处、初转法轮处和涅槃处等），建造了八大灵塔，这是属于纪念性的了。印度在阿育王统治时期，佛教被列为国教，塔的建立达到了空前的高潮，在孔雀王朝所统领的八万四千个小邦国内，各国都要建造寺塔。现存时代最早的塔就是始建于阿育王时期。

早期的佛塔是一个半圆形的大土冢，称为覆钵式窣堵波，完全是坟墓的形式。现存比较完整的桑奇大塔，中央是覆钵形塔体，塔顶上有方形平台和三层伞盖，塔的底部有基台和围栏，前面有级梯上下。最外层还有一圈绕塔围栏，围栏的四面各有一个牌坊状塔门。

印度还有一种建在石窟内的佛塔，称为"支提"。塔在窟的后部，塔前有一个较大的场所，僧人们在此举行礼佛集会。这种形式传到中国后，塔发展为立在窟中央，并且塔顶与窟顶相连，成为中心塔柱。

在中国，一般立在寺院中的塔是由覆钵式塔发展、演变而来。东汉时期，随着佛教传入中原，佛塔的建造也开始了。我们早期的佛塔，基本上都是中国建筑形式的楼阁式塔，比如《三国志》记载的东汉末年笮融在徐州建造的佛寺，其中的塔为重层楼阁式。

为什么佛塔到中国后改变了印

度的覆钵形，而变为了楼阁式呢？主要原因是：塔是埋葬佛舍利的地方，是神圣的，应该用高贵的建筑形式。中国在秦皇、汉武时期迎候仙人修建的是高楼台阁，所以供奉佛的时候也用了这种高级别的建筑。另外人在引颈望高塔时易产生一种心理变化，从而增加了许多神秘与敬畏。

印度的覆钵式塔在中国并没有绝迹，不过是变为了中国式塔的一部分。塔一般分为地宫、塔基、塔身和塔刹几个部分。塔是用于埋葬佛舍利的，所以采用中国的陵墓地宫、墓穴的方式修建了地宫。塔基是整个塔的下部基础，覆盖在地宫上。塔身是塔结构的主体，内部结构有实心和中空两种，有些塔的塔身为覆钵式。塔刹立于塔的顶部，本身也像一座小塔，分为刹座、刹身和刹顶。

塔和寺院关系非常密切。中国早期的寺院是以塔为中心，塔的后面建佛殿，四周还有其他的僧房楼观。历史上有名的洛阳永宁寺和应县木塔所在的佛宫寺都是这种布局，日本的寺院受中国影响，很多布局也是如此。从唐代开始，佛殿的地位升高，出现了殿塔并列；后来又发展为塔被排出寺外，建于寺旁、寺后，或另建塔院，现存的佛塔多是这种安排。

❀ 云南景谷大寨佛寺的树包塔

图中菩提树由宝塔周围窜生而出，不碍塔身且不影响自身生长，蔚为奇观。

中国佛塔主要有哪几种类型？

佛塔的分类方法有多种：从平面形状来看，有四方形塔、六角形塔、八角形塔和圆形塔等；从立体上看，有单层塔，三、五、七、九层塔等；从建筑材料上分，有木塔、砖塔、铁塔、琉璃塔等。

一般佛塔分类是以其结构和外型为标准的，可以分为楼阁式塔、密檐式塔、亭阁式塔、花塔、覆钵式塔、金刚宝座式塔、过街塔及塔门等，另外还有一些数量虽少但造型奇特的塔。

楼阁式塔，它的形式源于中国传统建筑中的楼阁，这种塔在中国古塔中历史最久，形体最高大，保存数量也最多。早期的楼阁式塔都是木制，易毁于火灾，所以实物没有能够保存到现在。隋唐以后，多用砖石为建塔材料，出现了以砖石仿木结构的楼阁式塔。

隋唐以后的楼阁式塔保存至今的有很多，著名的有西安大雁塔、玄奘塔，苏州虎丘塔，杭州六和塔，广州六榕寺花塔，定县料敌塔，北京良乡塔，银川海宝塔，等等。另外，应县木塔是仅存的木构楼阁式塔。

密檐式塔，因塔外檐层数多而得名。早期著名的密檐塔有登封嵩岳寺塔、西安小雁塔、大理千寻塔等。辽代以后，密檐塔在华北、东北地区有很大发展，一直到明代以后仍有修建。而南方仍以楼阁式塔为主流。这个时期著名的有北京天宁寺塔、燃灯塔，正定临济寺青塔，锦州广济寺塔、崇兴寺双塔，辽阳白塔等。

亭阁式塔，在中国起源也很早，宋代以后逐渐衰落。这种塔结构简单，费用不大，所以多为一般平民和僧人修建。亭阁式塔的塔身是一方形、六角形、八角形或圆形的亭子形状，都是单层的。在塔身上设龛供像。著名的塔有山东历城四门塔、长清灵岩寺慧崇塔、河南安阳修定寺塔、五台佛光寺祖师塔等。

花塔，因塔身的上半部装饰各种繁复的装饰，看去好像一个巨大的花束而得名。这种塔主要流行于宋、辽、金时期，元代以后就不见了。现存的花塔数量很少，全国也不过十余处，著名的有河北正定广惠寺花塔、丰润车轴山花塔,甘肃敦煌城子湾花塔等。

覆钵式塔,又称喇嘛塔或藏式塔,这是因为喇嘛教建塔常用这种形式。这种塔的塔身是一个半圆形的覆钵,这当然是源于印度佛塔的形式。覆钵上是巨大的塔刹,覆钵下建一个高大的须弥塔座。这种塔在元代开始流行,明、清时期继续发展,这是和喇嘛教在当时盛行相联系的。著名的塔有北京妙应寺白塔、北海琼岛白塔,山西五台山塔院寺白塔,扬州瘦西湖莲性寺白塔等。

金刚宝座塔,源于印度佛陀伽耶的金刚宝座塔。塔的下部是一个巨大的金刚宝座,座的下部有门。宝座上建五个小塔,供奉佛教密宗金刚界五部主佛舍利。这种塔在中国从明代以后陆续有修造,但是数量很少,全国现存十多处。著名的有北京真觉寺金刚宝座塔、碧云寺金刚宝座塔、山西五台圆照寺金刚宝座塔、湖北襄樊广德寺多宝佛塔、内蒙古呼和浩特慈灯寺金刚宝座舍利塔等。

过街塔,就是建于街道中或

❀ **江苏苏州虎丘塔**

此塔为砖砌仿木结构楼阁式建筑,是中国著名的斜塔。

大路上的塔。塔门是把塔的下部修成门洞的形式。有些过街塔下,可通车马行人,而塔门一般只容行人通过,不行车马。这两种形式的塔在元代开始出现。现存数量很少,著名的有北京居庸关过街塔座、镇江云台山过街塔,在承德普陀宗乘庙内外建有一些塔门。

中国佛塔的种类还有:宝箧印经塔,又称阿育王塔,如潮州开元寺塔;济南历城的九顶塔;辽宁义县的圆筒塔;以及钟形塔、球形塔、经幢式塔、阙形塔、高台列塔等。

中国现存最古的砖塔在哪里？

河南省登封市的嵩岳寺塔是中国现存最古老的砖塔，也是中国现存大型古塔实物中年代最早的。汉、魏时期，塔多是木构楼阁式，嵩岳寺塔是由木构向砖石结构过渡的早期实例，非常值得重视。

佛教造像作为一种宗教艺术，同样具有这样的功能。每当我们在参观各种佛教寺院，或是在游览观赏佛教艺术品时，所感受到的某种神圣感，确切意义上仅是指一种艺术形象，如菩萨像的优美、天王像的威猛、罗汉像的真实，这种艺术与宗教结合的感染力，超出了单纯的艺术意义。佛教或是单纯的艺术。

塔所在的寺院名嵩岳寺，始建于北魏永平二年（509），原是宣武帝的离宫，后来才改建为寺院。到了正光元年（520），寺改名为"闲居寺"，并大加增建，塔就修建于此时。隋代将寺院改名为嵩岳寺，唐代以后这所古刹逐渐衰落了，现在除山门和一些残碑断刻之外，仅存这一古塔。

嵩岳寺塔是密檐式塔，这是已知最早的密檐塔。塔的总高度约39.8米，底层直径10.6米，全塔除塔刹和基石之外，均以砖砌筑。

塔的下部是低平的基台，台上建塔身，塔身平面呈十二边形，这在全国是唯一的例子。第一层塔身特别高大，用叠涩平座将之分为上下两段，在四个正面开了贯通上下段的塔门。下段的其余八面都是素面平砖，没有加以装饰。上段是整个塔装饰最集中的地方，除四个塔门门拱顶上装饰尖顶券面以外，

❀ 北京潭柘寺塔林内的辽代九级密檐砖塔

其余的八面各砌出单层亭阁式方塔壁龛，装饰壶门和狮子。上段十二个转角处各砌一个八角倚柱，柱础是莲瓣形，柱头雕出火珠、垂莲。第一层塔身以上，叠涩出密檐十五层，每层塔檐之间距离甚短。每层的十二个面都各设三个小窗，有些是供通风和采光之用，多数是装饰性盲窗。塔刹用石雕刻而成。刹座是巨大的仰莲瓣组成的须弥座；须弥座上承托着梭形的七重相轮组成的刹身；刹顶是一个巨型的宝珠。这种形式的塔刹，被后来的砖石密檐塔所沿用。

嵩岳寺塔的外形流畅、秀丽，艺术成就非常高，同时它的设计和施工也是非常优秀的，使得这座古塔保存至今。

❀ 河南登封嵩岳寺塔
是中国现存最古老的砖塔，其十二角面的塔体构筑乃建筑史上的罕见之作。

中国现存最大的木塔在哪里？

中国现存最大的木塔位于山西应县，名叫佛宫寺释迦塔。该塔也被称为应县木塔。应县木塔是世界上现存最高大的古代木构建筑，高大宏伟，不仅为中国现存木构建筑之最，也是所造的优美的形象，寺释迦塔结合的艺术，这种感。佛教当作艺术品，超出了单纯的宗教或是单纯的艺术造像作品。

木塔是楼阁式塔，总高度是67.31米，其中塔刹高达10米。塔的底层平面是八角形，直径30.27米，是古塔中直径最大的。塔建在一个外包砖石的夯土高台上，台子高4米多，分上、下两层，下层方形，上层是八角形。在高台上建木结构塔身。塔身从外部看是五层楼阁，实际上内部一至四层，每层又有暗层，所以是九层。

塔的第一层南门开塔门，进门迎面有一尊高约10米的释迦像，顶部是精美的藻井。门洞两壁、门额和内槽墙壁上都绘制了壁画。在第一层的西南有木质楼梯登楼。楼上的4个正式楼层，都在中央位置建坛，坛上塑造密宗题材的佛和菩萨，顶层塑大日如来像。坛周围有通道，可以绕坛观像。每一楼层都宽敞明亮，在各层塔身的四个正方向当中开门，可以走塔身，塔身外有宽广的平座和栏杆，人们可以循栏周绕，眺望周围景色。

应县木塔建于辽代清宁二年（1056），距今已有九百多年。木塔位于佛宫寺中轴线的中部，塔的后面是大殿，构成了以塔为中心的寺院布局。这种布局是早期寺院的主要布局形式，到唐代开始有所改变，佛宫寺是这种布局现存时代最晚的一例。这个寺院在金、元时期规模很大，明、清以后大为缩小。虽然寺院中其他的建筑物先后毁坏，但是木塔却始终安然无恙。

❀ 山西应县木塔

山西应县木塔斗拱

铁塔和繁塔指的是什么？

铁塔和繁塔都在河南省开封市，即北宋都城汴梁的所在地。铁塔其实并不是铁铸的，而是一座砖塔，外部用红、褐、蓝、绿几种颜色的琉璃砖砌筑装修而成。它的红褐色调，从远处望去酷似铁色，所以塔被误称为铁塔。

❀ 河南开封繁塔

铁塔建于北宋皇祐元年（1049），近千年来屡遭磨难，地震和暴雨不计其数，特别是清道光二十一年（1841）黄河泛滥，水淹开封，铁塔一大段没于水中，可铁塔依旧巍然挺立。铁塔已成为开封市的象征。

铁塔是八角形十三层的仿木构楼阁式塔，高度是54.66米。塔用砖砌成，砖外包了琉璃砖瓦。塔身外部砌出了仿木构的门窗、柱子、斗拱、塔檐等形式。塔身外壁、角柱、门窗和额枋等仿木构琉璃构件上，均有精美的装饰花纹，达五十余种之多，主要有佛像、菩萨、飞天、力士、伎乐、牡丹花和莲花等。开封铁塔是中国现存最早最大的琉璃建筑物。

现存的铁塔，已经看不到塔座了，其实铁塔有一个高大的石刻须弥座，但是由于历史上黄河多次泛滥，泥沙把塔基埋没了。

繁塔的"繁"，不读繁荣的"繁"，而是读作"po"。此塔原名兴慈寺塔，只是由于塔的所在地叫繁台，塔也俗称为繁塔。

繁塔建于北宋太平兴国二年（977），是开封市内现存最早的古建筑。据文献记载，此塔原是九层塔，明朝初年遭到破坏，只留下了三层，后来在残存的塔身上修了一个七层的小塔，作为原塔的刹顶，现在塔的总高度是31.67米。

现存塔的形式是六角形三层

楼阁式砖塔,每层的收分特别大。一、二层为重檐,檐下有仿木构砖制斗拱。三层塔身外壁嵌砌数十种不同形象的上万躯佛像,而且刻工精美,非常壮观。

塔内部有木质楼板和楼梯,可以登上塔顶宽广的平台,登高远眺。

在塔的第一层南门的门洞内,东西两壁有石刻六方,东壁刻《金刚般若波罗蜜多心经》,西壁刻《十善业道经要略》,并附《佛说天请问经第二》。第二层南面门洞内也有石刻六方,刻了《大方广圆觉修多罗了义经》。这些刻经都是太平兴国时期完成的。另外塔内还有很多刻有捐款施主姓名的石刻。

❀ 河南开封铁塔

此塔并非铁铸,因其远观酷似铁色而得名。

中国石窟、佛寺壁画与中国绘画史有何关系？

中国绘画史源远流长，具有丰富的传统和珍贵的遗存。特别是佛教东传以来，佛教的题材和内容扩大了中国绘画的视野，也促进中国和外国、汉族和各少数民族间的文化大交融。

从此，中国绘画或描绘于纸绢的卷轴，或彩绘于粉垩的墙壁。这里有精细巧密与雄健粗犷之别，有文人专业画家与民间画工之别，但其内容形式在古代很少有什么大的区别。石窟、佛寺壁画和传世卷轴画，同为中国绘画长廊的有机组成部分。而留传至今的画史资料，或记载缺失，或语焉不详。现存国内外的卷轴画作品，则为数甚少，尤以早期作品极为罕见。我们从遗存丰富、绵延历久的石窟、佛寺壁画入手，结合画史和卷轴画资料，相互比照研究，无疑将极大地丰富人们对中国绘画史的认识。

例如，研究魏晋南北朝绘画，除了画史资料，只有依靠现存壁画来了解。十六国时期绘画"迹简意淡而雅正"的特点，在克孜尔、莫高窟壁画中表现为笔法率略，色彩单纯，构图以人物为主体。南北朝时期，是一个吸收外来营养，丰富民族艺术的重要阶段，画风"细密精致"，用笔"紧劲联绵"。北魏壁画，色彩和晕染的作用十分突出，构图上还是"人大于山，水不容泛"。北朝后期，出现了以曹仲达为代表的佛像画新风格，画史上说他画的佛像"衣服紧窄"，被称为"曹家样"。这正是北齐、北周壁画的特征之一。梁武帝时的名画家张僧繇，

北京市法海寺壁绘

在绘画技艺上有独特的成就,如吸收外来影响创造的"没骨"画法,创作的人物比较丰腴,所谓"张得其肉"、"面短而艳"的形象,在敦煌北周壁画中,就可以看到那种广额丰颐的北周新样。

❀ 山西大同华严寺金代壁画诸天王图

隋和初唐绘画,有两种不同画派,即以阎立本为代表的中原画法和以尉迟乙僧为代表的西域画法。这在莫高窟壁画上也得到反映,秀丽的人物画,衣饰如曹衣出水。盛唐时期,寺观林立,壁画的应用更广,绘画艺术呈现出辉煌富丽、豪迈博大的风格。画家们多向宗教人物画方面发展,大画家吴道子等也就应运而生。莫高窟壁画中具有"吴带当风"之势的人物,气魄雄伟的大幅经变等,都是时代的产物。五台佛光寺佛座背后的一幅壁画,描绘天王、力士、天女等人物,笔法似李公麟摹绘的"天王送子图",人物"虬须云鬟,数尺飞动",对于佐证吴氏画很有意义。

五代两宋的山水画、界画等的发展,达到了新的境地。山西繁峙岩山寺金代壁画,系由画院待诏王逵等所绘。其精工细密的楼台殿阁和富丽沉稳的青绿山水,可以代表当代的绘画水平。宋代以后,文人学士和院画派,多致力于院体画,宗教壁画多由民间"众工"担任。山西永乐宫、青龙寺、北京法海寺以及西藏佛寺壁画等,代表了元明清壁画的发展水平,是美术史的瑰宝。特别是一大批名不见经传的民间壁画家的名字及其作品,更是研究民间绘画传统的重要资料。

什么是造像碑？

造像碑是一种以雕刻佛像为主的古代石刻，外形似碑，上面有佛龛造像，多为佛教造像，少数与道教有关。因为是造像供养性质，往往铭刻造像缘由、题材和造像者姓名、籍贯、官职等，也有时线刻出供养人像。

这种集雕刻艺术美学与宗教情感相结合的艺术形式，加上教徒自内心的宗教情感，能使宗教信仰者得到心灵的慰籍，这种情感超出了单纯的宗教或是单纯的艺术意念。造像作为一种宗教艺术，同样具有此种功能。每当我们在参观各种佛教寺院，或是在游览

佛陀所指佛义是指的塑，佛像，称像

好，形体又小，往往多收藏为博物馆藏品。

造像碑大致可分为扁体碑形和四面体柱状两种。

扁体碑形造像碑，有的有碑额，有的无碑额，造像龛多在碑体正面，碑阴和碑侧刻造像人姓名。山西新绛东魏武定二年（544）释迦多宝造像碑，碑额雕双龙蟠曲，额上正中刻立佛。碑身上部开龛雕一佛二菩萨，碑侧上部也开龛造像。麦积山133窟（万佛堂）中第10号造像碑，无碑额，碑首为圆拱形，下雕释迦多宝并坐佛龛，最下面为主佛龛，刻一佛二菩萨，龛外刻二力士，龛侧上方刻鹿野苑初转法轮和维摩诘像。山西博物馆藏唐武则天时期涅槃变造

文献记载，前赵建初五年（322）佛图澄造释迦像碑，是现知年代最早的一例。现存实物，多见于河南、山西、陕西、甘肃、山东等省，以北魏时期最早，北朝晚期（东、西魏，北齐、北周）数量最多，说明造像碑盛行于北朝时期。隋唐时期尚有精品遗世，宋以后日趋衰落。题材内容和艺术风格，一般近于同期的石窟艺术，多系高浮雕作品，但因雕琢精细，选材较

❁ 隋代荀国丑造释迦像

像碑，为国内此类题材造像碑中的佼佼者。碑身和碑阴用高浮雕手法，雕出释迦涅槃焚棺、举哀、起塔等场面，保存也基本完好。巩县石窟中保存的十王造像碑，共刻五行，每行二龛共十个佛龛，龛中刻十王像，有十王题名和施主题名。

四面体柱状造像碑，四面均有雕刻，上下分层，作柱状体。河南浚县北齐武平三年（572）造像碑，碑首雕成仿砖木建筑的九脊单檐歇山顶，底部雕碑座。碑身四面各开三层龛，据造像铭记，知正面上龛为弥勒，中龛为释迦，下龛为阿弥陀佛；右侧上龛为维摩诘，中龛为涅槃变，下龛为药师佛；背面上龛为释迦，中龛大势至，下龛为释迦多宝；左侧上龛为弥勒、观世音双尊，

❀ 北魏洛阳菩萨造像碑

中龛为普贤，下龛为无量寿佛。题材多样，刻工精美，为此类造像碑中佳品。山西沁水县南涅水出土的四面体造像碑，作逐层堆叠的塔形，底层最大，向上渐小。四面开龛造像，题材丰富，时代为北魏至宋初。

金铜佛造像指的是什么？

用铜或青铜铸造、表面鎏金的可移动的佛教造像，叫金铜佛造像。佛像的背光、佛座和像身，大多是分别铸造再合为一体的。造像题材包括佛、菩萨、天王、力士、诸天等形象。

金铜佛造像在中国大体上是伴随佛寺的兴盛而发达，多供养在佛寺或宫中，流行的盛期大致在南北朝至唐代。它在印度起源较早，在中国佛教初传期称金人或金泥铜像。现存的中国金铜佛造像，包括传世品和出土文物两大类，其中有些还作为中国早期佛像遗品的代表而闻名，部分精品早年已被盗往国外。

东汉末年，下邳相笮融大造可容三千人的佛寺，于中"以铜为人，黄金涂身，衣以锦采"，一般认为即是金铜佛像，也是中国立寺造像首次见于记载。现存早期金铜佛像，均为公元3～4世纪以后遗品，多着通肩衣，施禅定印，坐四足方座或莲花台座，身后饰通身大背光。雕法朴拙，衣纹形式化，多具犍陀罗造像的风格。例如，武昌莲溪寺吴景帝永安五年（262）墓中，一件铜带饰上镂刻有佛像，有肉和头光，袒上身，下穿裙。后赵石虎建武四年（338）铭造像和石家庄北宋村墓中出土佛像，均为后赵遗物，亦是有明确纪年的最早佛像。该像着通肩衣，禅定印，坐四足方座，座前有博山炉和狮子。此外，西北地区出土的夏赫连定胜光二年（429）佛像，辽宁北票将军山石墓出土北燕太平七年（417）坐佛，均为十六国时期铜佛像。

传世的南朝金铜佛造像发现较少，现存宋元嘉十四年（437）

❀ 六臂大黑天像

大黑天是藏传佛教的主要保护神，通常作为战神的形象出现。

韩谦造、二十八年（451）刘圆造坐佛像，饰火焰纹背光，面容较俊秀优雅，是南朝像的佳作。北魏太平真君元年（440）、四年（443）铜佛像等，为北魏灭法前旧有样式的代表。而北魏正光五年（524）弥勒像，是一组包括一立佛、二立菩萨、二思维菩萨、四供养菩萨、二力士、十一飞天、二狮子、二博山炉的大型群像，该像造像优美，雕工精细，着褒衣博带式佛装，是现知北朝金铜佛造像中的精品。秀骨清像、风神飘逸的作风，反映了孝文帝汉化改革的影响。

东魏和北齐金铜佛造像，一方面表现为继承北魏造像的某些样式，同时显示了向隋唐造像过渡的新作风。隋代造像遗存也较少，开皇四年（584）董钦造阿弥陀佛像，包括一佛、二菩萨和二力士，为隋代造像佳品。

唐代以来，中国佛教史上出现了以建立宗派，传译佛经，发展寺院经济为主的新阶段，单纯的金、石佛造像较前减少，木雕、铸铁佛造像等渐次流行。但唐代金铜佛造

❈ 陕西扶风法门寺地宫出土的鎏金银质捧真身菩萨像

像仍不乏精品，陕西临潼邢家村、扶风法门寺等地出土的铜佛像，形体婀娜多姿、雕镂精工，反映了唐代雕塑艺术的高水平。

什么是佛教帛画、绣像和织成像?

帛画、绣像、织成像等与佛教有关的图像,都是利用丝织品创作佛教题材的形象,多属于佛教供养像。

这种艺术品所承受的宗教情感能转化为一种发自内心的宗教情感,使宗教信仰者得到心灵和美感的结合,这种宗教情感与艺术美感相结合超出了单纯的宗教或是单纯的艺术,同样具有造像作为一种宗教艺术的功能。每当我们在参观各种佛教寺院,或是在游

❀ 敦煌莫高窟壁画学堂
寺学是寺院设置的义学,此画展现了学堂生活的一幕。

帛画是画在丝织品上的画,起源甚早,起初多为墓中的殉葬品,如长沙战国墓中出土的人物凤和人物御龙帛画,汉代马王堆古墓出土的车马仪仗等五幅帛画。佛教绘画兴起后,帛画遂大量描绘佛教题材形象,如佛、菩萨、天王、力士像以及说法画、经变画等,其中以敦煌石室所出佛教绢绘帛画为大宗,只可惜多流入海外。

绣像是用丝线在织物上刺绣出来的佛像。其最重要的发现,是敦煌莫高窟清理出来的北魏太和十一年(487)佛说法图残件,该绣佛满地用锁针绣出坐佛、立菩萨、男女供养人和各种散花,还有"广阳王慧安"的一百四十

多字发愿文。绣佛线条流利,纹饰复杂,还运用具有深浅效果的配色方法,很接近绘画的效果,是古代绣像精品。唐代的刺绣工艺,更广泛应用于绣佛像、佛经上,有了长足的发展。《白乐天集》中,记有绣佛三事:一绣阿弥陀佛,金身螺髻,玉毫绀目;一绣救苦观音菩萨,长五尺二寸,宽一尺八寸;还绣阿弥陀佛一幅。可见其技艺成熟,臻于化境。

织成像,也叫缂丝像,是用丝和金线手工织成的,为丝织佛像中的上品。古代多用于朝廷赏赐或外国进贡物。例如,武则天时,曾下令制作织成锦及刺绣佛像四百余幅,分送各寺院及邻国。

什么是木版佛画和其他类造像？

随着唐代佛教的兴盛，刻版印刷术的发明和木雕艺术的发达，木版画成为中国版画的主流，在所看到的形象雕艺术的美妙。这种艺术是如果结合的，木板的单纯的宗教或是单纯的艺术感。每当我们在参观各种佛教寺院，或超出了单纯的宗教或是单纯的艺术，同样具有造像作为一种宗教艺术，同样具有感，这种艺术如果结合的，佛教信仰者得到心灵和美的，佛教信仰者得到心灵和美的享受。这就是木版佛画。并且至迟在公元8～9世纪首先为佛教画所利用，这就是木版佛画。

国内现存的印刷品，以佛教经像较多，其中佛画包括单页佛像和佛经的扉画和"引首"，不仅数量多，而且大都刻工精细。实际上，刻版印刷术大兴以前，中国木版佛画就已经出现。

公元7世纪中叶，唐玄奘曾以回锋纸印普贤菩萨像，布施四方。印刷术流行后，开始只刻印市民阶层常用的通俗书和佛教经像，这对于推动佛教传播起过重要作用。现存最早的木刻印书，就是敦煌发现的唐咸通九年（868）王氏出资雕印的卷子本《金刚经》，首页扉画释迦说法图，刀法遒美，神情肃穆，是一幅接近版画成熟期的作品。此后，唐代佛经版画渐多，国内多处曾有发现。宋代由政府组织雕造大藏经后，佛经扉画率多精美之作，如开宝藏、赵城藏、契丹藏中的扉画。山西应县佛宫寺塔，还曾出土单独的木版印制佛说法图。宋元以后迄明清，凡刻印佛经的，几乎没有不附佛画插图的。元至元六年（1340），湖北江陵资福寺刻印的无闻和尚《金刚经注解》，卷首灵芝图和经注用朱墨二色套印，是为国内现存最早的木刻套色印本。

其他类造像，包括金镂像、珠像、夹纻像、人中像、善业泥像等，均为数量较少的特别种类造像。

敦煌莫高窟胡旋舞壁画

胡旋舞源于中亚，以女子表演为主，动作快速、轻盈、连续旋转，风靡于唐代开元年间。

石经和经幢指的是什么？

石经是中国古代刻于石碑、经石、石窟和摩崖上的儒家经籍和佛、道经典，其中以佛教石经居多。刻佛经于石，始于北魏末，盛于北朝末年。龙门北魏莲花洞中，已刻有《般若波罗蜜多心经》。

北齐时，刻石经盛行，如山东泰山经石峪、太原晋祠风峪所刻华严经。大规模镌刻佛经，当属响堂山石窟。北响堂第3窟外唐邕写经碑记载，自天统四年（568）至武平三年（572），唐邕刻《维摩诘经》、《胜鬘经》、《孝经》、《弥勒成佛经》等四部佛经。他刻经原因，是石经可以永久保存，并发愿将释迦所说一切经，尽刻于名山。此外，南响堂和小响堂石窟还刻有《华严经》、《多心经》、《法华经》，河北涉县娲皇宫、木井寺刻有北齐《深密解脱经》、《十地经》、《佛说思益梵天问经》、《法华经·观世音普门品》等佛经多部。河南安阳小南海石窟北齐天保六年（555）刻《华严经偈赞》、《大般涅槃经·圣行品》。隋代刻经，以开皇九年（589）安阳宝山大住圣窟较早，刻有《大集经月藏分》、《五十三佛名》等经多部。

❀ 北京房山云居寺石经

佛教石经以北京房山云居寺最为有名。房山石经是静琬于隋大业十二年（616）始刻，至唐贞观的30余年中共刻法华、涅槃、维摩、华严等百余石。后经唐、辽、金、元、明历代续刻，共存石经15061石，其中完好的经石1.4万多石，共刻佛经约1000种，900多部，3000多卷，包括题记6000多则。这是国内现存数量最大的文字铭刻，在东方文化史上有极高的学术价值。

唐代石刻以四川安岳卧佛院石窟，唐开元年间刻经洞最重要。该处有经窟15窟，共刻佛经70余部，经文40余万字。此外，大足宝顶山小佛湾经目塔，镌刻《佛说十二部经》，为南宋刻经。

经幢也是中国古代的一种佛教石刻。幢原为一种丝帛制成的伞盖状物，顶装摩尼宝珠，悬于长杆，供养佛前。据《佛顶尊胜陀罗尼经》，此经书写幢上，幢影映于人身，则

❁ 广东韶关南华寺经幢

可不为罪垢染污。初唐时，开始用石头模仿丝帛经幢，称为陀罗尼经幢。最早实例是陕西富平永昌元年（689）幢。经幢一般可分为幢座、幢身、幢顶三部分，分别雕刻，逐级累建而成。幢身多为八面体，上雕陀罗尼经、咒或佛像等，亦有少量刻多心经、楞严经等佛经。

佛教造像与道教、儒家造像有何关系？

在佛教思想笼罩全社会的魏晋南北朝时代，存在着儒、释、道三家思想的融合与斗争。佛教虽然在中国政治和社会中起很大的影响，但中国本土上滋长起来的道教和传统的儒家学说也占有重要的地位，或是单纯的艺术意义，每当我们在参观各种佛教寺院，或是在游览观超出了宗教造像作为一种宗教艺术，同样具有这样的功能。佛教

在维护统治阶级利益和现行统治秩序上，佛、儒、道三者的根本立场并无大的冲突。因此，从汉代独尊儒术转变为儒、释、道三教并序，在中国宗教史上进入了一个崭新的阶段。由于中国国情和儒家文化传统的性质所决定，三教之间的关系是以儒为主导，佛道二教为辅翼。三教斗争的过程，同时也是它们之间相互吸收、渗透和补充的过程，在斗争中求得融合。

就佛教造像而言，早期造像还多少具有西方格调，北魏孝文帝以后，逐渐向中国化的方向发展，开始形成有别于西域的新特点。佛的服饰、面容、坐具乃至题材内容，都发生了变化。

道教产生于汉代，但因黄巾起义遭受政治镇压而一度一蹶不振。佛教乘势得以发展。进入魏晋南北朝时代，佛、道二教都有蓬勃的发展。至迟在十六国后期或南北朝初期，开始出现道教造像。最初的道像，曾受到佛像的影响。从坐式、花纹、组合关系到发愿文格式，许多地方学习乃至模仿佛像样式。早期道像还有佛、老同龛现象，这

❁ 重庆大足石刻妙高山第2号三教合一窟（南宋），窟高314厘米，宽280厘米，深322厘米。正中像为释迦牟尼，左壁为老君像，右壁为孔子像。儒、释、道三教合一窟，在全国乃少见。

是可以理解的。道教为争取群众，仿效佛教造出偶像，欲与之一试高下。但在这种斗争中，已埋下了殊途同归的种子。因为无论是佛像还是道像，都要为中国人所接受，都要走一条中国化的道路。

　　这一现象，在封建经济和封建文化高度发达的宋代，表现得格外明显。理学勃兴，成为宋以后封建思想的脊梁。理学是儒家学说吸收佛教禅宗某些理论，援佛入儒的产物。水陆法会和水陆画的兴盛，也与此不无关系。三教合一造像，应运而生。大足石篆山、妙高山等处石窟，出现了最早的三教合一造像，释迦等诸佛与老子、文宣王（孔子）及其门下十哲，同处一座石窟，甚或同处一龛，非止一处。一些造像主，不仅造佛像，同时还出资造道像或儒家圣哲形象，一些民间工匠，也同时雕造儒、释、道三教造像。到了这时（自然还有此后），不管是外来的佛教还是中国的儒教、道教，都已被看做自己民族可以接受的宗教。释迦、老子和孔子，都是中国人的偶像。就是佛像，也不大像外国人，更像中国人了。其结果，必然是殊途同归、兼容并包到中国文化这一大的范畴中去了。

三教图，描绘佛、道、儒三教创始人释迦牟尼、老子、孔子三人辩经论道的情形，体现了"三教合一"的社会思潮。

佛教小百科

艺术

【组稿】胡名正

【责任编辑】徐丽萍 刘湘雯

【特邀审校】慧眼文化

【文图编辑】程慧

【装帧设计】阮剑锋

【美术编辑】周邦雄

【图片提供】北京全景视拓图片有限公司 Imaginechina Fotoe.com